Le droit au service des victimes de dérives sectaires

Logiques Juridiques

Fondée par Gérard Marcou

Dirigée par Jean-Claude Némery et Thomas Perroud

Le droit n'est pas seulement un savoir, il est d'abord un ensemble de rapports et pratiques que l'on rencontre dans presque toutes les formes de sociétés. C'est pourquoi il a toujours donné lieu à la fois à une littérature de juristes professionnels, produisant le savoir juridique, et à une littérature sur le droit, produite par des philosophes, des sociologues ou des économistes notamment.

Parce que le domaine du droit s'étend sans cesse et rend de plus en plus souvent nécessaire le recours au savoir juridique spécialisé, même dans des matières où il n'avait jadis qu'une importance secondaire, les ouvrages juridiques à caractère professionnel ou pédagogique dominent l'édition, et ils tendent à réduire la recherche en droit à sa seule dimension positive. À l'inverse de cette tendance, la collection « Logiques juridiques » des éditions L'Harmattan est ouverte à toutes les approches du droit. Tout en publiant aussi des ouvrages à vocation professionnelle ou pédagogique, elle se fixe avant tout pour but de contribuer à la publication et à la diffusion des recherches en droit, ainsi qu'au dialogue scientifique sur le droit. Comme son nom l'indique, elle se veut plurielle.

Dernières parutions

Vincent BENELBAZ, *Les doctrines du corporatisme : Vichy et les Républiques*, 2025

Sous la coordination de Cristina Elena POPA TACHE, Elise Nicoleta VÂLCU et Cătălin-Silviu SĂRARU, *Droit international et intégration européenne, Perspectives de l'Europe centrale et orientale*, 2025.

Ludivine CLOUZOT et François-Xavier FORT (dir.), *La réforme du dialogue social dans la fonction publique*, 2025.

Hind ADIL, *Le droit des assurances sous l'égide des lois marocaines pour débutants, Les contrats terrestres et de transports maritimes et aériens*, 2025

Hugo Winckler

Le droit au service des victimes de dérives sectaires

L'Harmattan

Le présent ouvrage a été écrit sur commande du Centre Roger-Ikor contre les manipulations mentales (CCMM).

Depuis sa création en 1981 par l'écrivain Roger Ikor, le CCMM s'adresse aux victimes d'emprise mentale, à leurs familles et aux citoyens. L'association a pour vocation l'information sur le phénomène sectaire, la prévention et l'aide aux victimes. Elle accompagne les victimes des mouvements sectaires et leurs proches et cherche à faire progresser le débat et à peser sur la décision publique.

5-7, rue de l'École-Polytechnique - 75005 Paris
www.editions-harmattan.fr

ISBN : 978-2-336-50454-4
EAN : 9782336504544

INTRODUCTION

Le 15 décembre 1995, dans une forêt du Vercors, la gendarmerie découvre l'horreur – seize corps carbonisés. L'enquête révélera assez rapidement leur appartenance à l'Ordre du Temple solaire. La réaction des médias est immédiate. Le Parlement s'empare du sujet en créant des commissions d'enquête. L'idée de la loi About-Picard s'ébauche. La France est pionnière dans l'émergence d'une telle réglementation, grâce à une réflexion mature sur la laïcité. Notre droit a réfléchi à la liberté de culte et à ses limites. Dans la ligne déjà tracée par les Lumières, la loi About-Picard sera votée à l'unanimité par l'Assemblée nationale. Elle dote pour la première fois la France d'outils juridiques pour lutter contre les groupements sectaires et l'emprise mentale. La crise du Covid-19 a relancé le phénomène conduisant à une nouvelle loi, du 10 mai 2024, qui renforce le cadre juridique et fournit aux praticiens de nouveaux outils.

Si le péril de grands groupes organisés semble en recul, cela n'est nullement le cas de la dérive sectaire. Le dernier rapport d'activité pour l'année 2022 de la Miviludes montre au contraire une augmentation des saisines, et cela, notamment dans le domaine de la santé. En réalité, l'attrait pour l'irrationnel fonctionne comme un symptôme des troubles de la société, il est le double névrotique des angoisses sociales. Il est donc vain de vouloir le faire disparaître : cette réalité anthropologique a toujours existé et elle s'inscrit dans la relation de l'être au monde, dans sa demande de foi, de croyances. Elle résout une demande psychologique fondamentale : l'angoisse existentielle. Le droit des dérives sectaires est donc un outil pour surveiller et lutter contre les abus sans pour autant pouvoir prétendre épuiser le phénomène.

Décrire le cadre juridique de la dérive sectaire n'est pas une tâche des plus évidentes. Le droit positif français, napoléonien et fruit des Lumières, tient pour axiome principal celui de l'individu libre et capable d'exprimer son consentement. Il n'y a crime que si l'auteur jouissait de raison au moment de sa commission ; il n'y a contrat que parce qu'un consentement valable a pu être donné. Notre droit consensualiste souffre d'une difficulté radicale à apprécier les dérives sectaires, car elles tordent le consentement, souvent sur une durée longue, d'individus sans psychopathologie avérée. Au contraire, l'adepte est souvent sain d'esprit, rationnel, c'est dans l'ombre d'un discours que sa volonté est avalée par un cadre de référence culturel et moral délirant. Le travail psychologique du gourou est perfide ; il agit par une influence souterraine pour réformer la raison des adeptes sur un ensemble de principes hors du commun.

Il n'est que peu de matières juridiques qui nouent aussi finement droit, philosophie et psychologie : la ligne entre la croyance inviolable – l'intimité primordiale que la justice protège, comme une zone intouchable –, et l'abus – la déviance qui exploite cette capacité à croire – est ténue. Ainsi, il faut accepter de laisser un proche s'enfoncer dans ce qui paraît un délire promu par un entrepreneur de la foi, qui ne soigne que ses propres intérêts, car agresser ses croyances est contraire à ce que le droit protège : une conscience inviolable. La dignité humaine autorise chacun à organiser sa vie autour des croyances qui lui sont propres et oblige à suspendre tout jugement à leur égard. Il n'est pas scientifiquement possible de dire que le dieu de l'Église catholique est plus crédible que la venue d'extraterrestres sur Terre. La croyance est non falsifiable, elle procède d'un saut dans la foi ; dès lors, elle est intrinsèquement hors de tout jugement possible, qui ne peut être que moral.

Le présent ouvrage prend dans son approche un parti pris important, celui des modes amiables de résolution des différends – d'un processus qui cherche hors du conflit à nourrir une autre liberté fondamentale, celle de la pensée, qui s'étaye sur la possession d'éléments critiques et de connaissances. Adopter une approche amiable consiste à accepter la croyance de l'autre comme intouchable, pour aborder la question seulement du consentement. La clé de lecture de l'emprise mentale jaillit de la suppression de la capacité de celui abusé à consentir vraiment ; le schéma de sa vérité intérieure, son compas moral, est confisqué par un discours doctrinaire et totalisant qui cherche à contrôler ce qui se passe dans son for intérieur.

L'actualité récente a été dense avec les assises contre les dérives sectaires tenues place Beauvau les 10 et 11 mars 2023. Les groupes de travail formés à son occasion œuvrent à l'émergence d'un plan d'action sur 10 ans et ont déjà abouti à l'adoption d'une nouvelle loi le 10 mai 2024. Une étude du droit actuel montre que la victime d'une dérive sectaire n'est pas sans ressources et le droit contient une panoplie d'outils. Elle souligne aussi des lacunes qui limitent la possibilité d'agir. La raison est que le droit est par définition meuble, il doit s'adapter aux évolutions de la société. L'idée d'un droit mature qui répondrait parfaitement à l'équilibre des intérêts en présence n'existe pas. Or, pour le moment, il y a eu assez peu de réflexion systématique sur la question. En outre, la plasticité du phénomène complexifie encore la tâche du législateur. La créativité des entrepreneurs en croyance a fait éclater la typologie des mouvements et a entériné la naissance des gourous 2.0, qui prolifèrent sur Internet. L'émergence d'un marché de la formation sauvage à des techniques de modification de l'état de conscience fournit à bon prix tous les outils à l'aspirant prophète. La crise sanitaire, le contexte globalement anxiogène de l'actualité, le dérèglement climatique, sont autant de thèmes dans lesquels les gourous et les gourelles s'engouffrent. La situation change et il convient que les pratiques s'adaptent en permanence. Toutefois, avant la loi, c'est toujours la jurisprudence, au plus près de la réalité grâce à l'audience et aux dossiers, qui évolue le plus prestement. Les affaires médiatiques facilitent aussi une prise de conscience. Autant dire que la matière est mouvante et que le présent livre sera suranné avant même la fin de son impression.

La volonté qui sous-tend la rédaction du présent ouvrage est de faire un panorama complet de l'état du droit au niveau de la victime. Il cherche à être assez général pour toucher un public profane, mais à être aussi assez précis pour servir de guide à un professionnel du droit ou à un aidant en contact avec une victime et qui souhaiterait lui prodiguer les conseils essentiels.

Le livre prend la position des victimes dans une acception plutôt restrictive comme la victime directe de l'emprise mentale et sa famille. Il en existe évidemment d'autres : que cela soit les organismes publics exposés à l'entrisme, les consommateurs face à des produits délirants, les municipalités en cas de tentative d'implantation ou encore les employeurs. Le caractère totalitaire des groupements, qui peuvent avoir leurs propres services d'espionnage, et pour certains une expansion tentaculaire, multiplie les abus et les victimes. L'objectif de ce présent opus est de fournir une vision complète du point de vue de la victime la plus directe et de sa famille. La question au fondement de cette réflexion est : comment utiliser le droit pour la protéger ou agir à son bénéfice ? En effet, la dérive sectaire, car elle s'inscrit sur le fond de la liberté de culte, ne permet pas toutes les actions. Le droit, avec ses contraintes et limites, fixe l'espace des possibles.

CHAPITRE 1

CERNER LA NOTION FRANÇAISE DE DÉRIVES SECTAIRES

Au cœur de la construction démocratique se trouve la liberté fondamentale de conscience de chacun : les croyances ne peuvent faire l'objet d'aucune censure *a priori*, quiconque est libre d'organiser sa vie autour du socle d'articles de foi de son choix. Seulement un abus, comme la dérive sectaire, justifie une réaction de l'État, mais uniquement pour l'un de ses versants : celui de l'entrepreneur sectaire, du pourvoyeur de croyances ; au contraire, l'adepte, lui, demeure dans les confins de la sphère inviolable de son intimité. Le régime juridique de la lutte contre la dérive sectaire compose avec cette asymétrie ; elle explique une grande partie du droit positif. Par ailleurs, la tradition française a clairement séparé l'Église de l'État en fixant un cadre normatif aux pouvoirs publics dans le domaine du religieux. Le droit doit donc composer entre la liberté de conscience et la laïcité à la française (I) pour construire une politique publique de lutte contre les dérives sectaires (II).

I. LES DÉRIVES SECTAIRES ET LA LIBERTÉ DE CONSCIENCE DANS UNE RÉPUBLIQUE LAÏQUE

Les représentants des « nouvelles religions », qui regroupent différents groupements sectaires, voient dans la lutte contre les dérives sectaires une lâche entreprise pour brider le pluralisme religieux. Il s'agirait d'un discours haineux à l'encontre du sentiment religieux protégé par la liberté de conscience. Ce discours, porté inlassablement par leurs lobbyistes, notamment auprès de la Cour européenne des droits de l'homme, est globalement biaisé et feint de ne pas comprendre que la lutte contre l'emprise mentale est une revendication des droits humains. Il convient dès lors de se poser la question de l'articulation des libertés fondamentales, dont la logique repose sur une application proportionnée des différentes libertés aux objectifs qu'elles protègent, niant ainsi la possibilité d'une liberté absolue. Dès lors, la liberté de pensée est un frein naturel à l'essor de la liberté de conscience (A) et elle trouve son cadre public dans le principe de la laïcité (B).

A. Liberté de conscience et liberté de pensée

« Toute personne a droit à la liberté de pensée, de conscience et de religion », nous dit la charte des droits fondamentaux de l'Union européenne[1]. La formule indique d'emblée l'existence de trois sœurs : les libertés de pensée, de conscience et de religion. Il serait hâtif d'en faire les synonymes d'une formulation répétitive : la liberté de religion n'est pas l'obstacle à toute discussion sur le religieux ; elle s'inscrit dans un cadre plus global de la liberté de pensée.

La liberté de conscience trouve une définition plus classique dans la Déclaration des droits de l'homme et du citoyen de 1789 : « Nul ne doit être inquiété pour ses opinions, même religieuses, pourvu que leur manifestation ne trouble pas l'ordre public établi par la loi[2]. » Ce principe est fondamental dans notre organisation politique. En proclamant que chacun est libre de développer ses propres croyances, la Déclaration des droits de l'homme et du citoyen met fin à un endoctrinement d'État et au possible contrôle gouvernemental du contenu des croyances admises. On peut croire autre chose que son souverain : cela suppose la liberté

---

1 Charte des droits fondamentaux de l'Union européenne, article 9.

2 Article 10 de la Déclaration des droits de l'homme et du citoyen.

de presse et d'association ainsi que la liberté politique. On en comprend la dimension cardinale en démocratie. Dans la mesure où il est impossible d'interdire de croire – car il s'agit là d'une disposition fondamentale de la condition humaine – les seules options ouvertes sont de réglementer les croyances individuelles ou de laisser libre cours à une liberté de croyance absolue. C'est le second choix, le seul possible en démocratie, qui a prévalu. Autrement dit, il ne peut y avoir de jugement moral porté sur les croyances d'une autre personne, pour absurdes qu'elles puissent paraître. Cette suspension du jugement individuel, quand il en vient à la croyance d'autrui, est à la fois l'unique possibilité et un parti pris radical.

De ce principe de liberté de croyance découle une série de libertés fondamentales complémentaires, comme la liberté d'association, car des communautés doivent pouvoir s'assembler pour échanger sur leurs croyances. En outre, si l'État ne peut contrôler les croyances, cet intime au cœur de l'esprit humain, il doit protéger la liberté d'expression et assurer la diversité des médias. Cette liberté de croyance s'oppose donc à un contrôle de l'État, mais aussi à l'accaparement privé des croyances. Car la liberté de croire, comme tout libéralisme, ouvre un marché du culte où tout prédicateur peut créer son Église et prêcher ce que dicte son propre intérêt. Il n'y a pas de réglementation particulière, hormis la loi de 1901 et la loi de 1905 (qui a fait l'objet de plusieurs décrets d'application) sur les associations cultuelles[3], qui précisent leurs modalités de création et de financement[4].

---

[3] Elles sont régies par la loi du 1er juillet 1901, le décret du 16 août 1901, la loi du 9 décembre 2005, le décret du 16 mars 1906, la loi du 2 janvier 1907, le décret 2021-1789 du 23 décembre 2021, le décret 2022-619 du 22 avril 2022. Ce dernier décret a pour objectif de surveiller les financements par l'étranger des lieux de culte, notamment sur la question de la radicalisation.

[4] La réglementation est plus contraignante quand il s'agit de faire un appel public à des donations et pour maintenir un caractère d'organisme à but non lucratif. Notamment, le droit positif se méfie des financements

Le principe est la liberté : il n'y a ni canon de textes, ni doxa, ni affiliation obligatoire à une quelconque organisation faîtière.

La conjugaison d'une liberté de croyance absolue et du fait anthropologique que la foi est d'abord quelque chose que l'on ne maîtrise pas a permis la floraison de nouveaux mouvements religieux. Des entrepreneurs en religion, aux intentions plus ou moins nobles, s'enrichissent sur des charlatanismes assumés. Il s'agit de piratages privatifs de la capacité de l'homme à se donner totalement à une croyance. Ces différentes dérives tombent sous le coup d'incriminations pénales, non pas en raison de la teneur de la croyance, mais en raison d'abus causant un dommage à des individus ou à l'ordre public. Les différentes infractions seront étudiées tout au long du présent ouvrage. Il s'agit de toute la problématique de la dérive sectaire, qui ne vise jamais un réseau de croyances particulier, mais la privatisation d'articles de foi par laquelle certains individus nourrissent d'abord et avant tout leurs intérêts privés. Le fait religieux est la brèche ouverte à de nombreux abus et manipulations, car il saisit les individus dans les recoins d'un intime indisponible à la raison ordinaire.

L'article 9 de la Charte des droits fondamentaux de l'Union européenne, après sa pétition de principe, continue en indiquant que « ce droit implique la liberté de changer de religion ou de conviction ». Le concept est essentiel : croire n'exige pas une suppression sociale de l'esprit critique ou l'émergence d'une interdiction de communiquer sur le religieux. Car la liberté de croyance permet aussi de changer de religion, autrement dit, elle protège tant d'un État inquisiteur que des groupes religieux eux-mêmes. Si l'on reprend le fondement de la liberté de religion, on trouve en réalité en son centre la liberté de pensée. Elle se définit comme le droit pour chaque individu de former par et pour lui-même son opinion des choses, religieuses, politiques ou autres. Cela

---

étrangers, principalement pour les lieux de culte pouvant donner lieu à radicalisation.

implique un libre accès à des éléments de connaissance, hors de toute contrainte sur ses choix de conscience. Cette liberté de pensée explique l'exigence d'une éducation scolaire selon un programme particulier, afin de doter les enfants d'un esprit critique par rapport aux dogmes inculqués par un milieu familial. Ainsi la Cour européenne des droits de l'homme a pu considérer qu'il était possible à un État d'obliger la scolarisation des enfants, même si les parents la refusaient au prétexte que les cours de science éloigneraient de la foi et contrediraient les principes de leur religion[5]. Cette liberté de pensée vient avec les devoirs pour l'État de construire un système éducatif, de promouvoir la science, de favoriser la diversité des médias… Être libre de pensée, c'est avoir reçu les outils permettant un esprit critique et avoir accès aux ressources permettant une information impartiale et objective des faits.

Dans une dérive sectaire, il y a donc un retournement des valeurs pour dénaturer la liberté de culte en un rejet de l'esprit critique. Au contraire, la liberté de pensée se fonde sur la nécessité d'un pluralisme et d'une expression publique critique. Une conscience épanouie s'enracine dans une rencontre juste et impartiale de propositions de croyances plurielles entre lesquelles l'homme et la femme choisissent selon leur demande spirituelle. Un pluralisme religieux oblige à un débat nécessaire et vigoureux.

Le lobbying intense, et notamment judiciaire, que portent des groupements à dérives sectaires, a pour objectif de forcer l'adoption d'une conception absolutiste de la liberté de croyance : elle serait un continent intouchable sauf à causer à la moindre critique un abus spirituel. Ce concept récent est le pendant à l'abus frauduleux d'un état de sujétion psychologique. En réalité, il défend une approche patriarcale

---

[5] CEDH, Cour (cinquième section), Konrad c. Allemagne, 11 septembre 2006, 35504/03. Voir sur le sujet : VON BUSENKIST Astrid, *La Religion au tribunal – essai sur le délibéralisme*, édition Albin Michel, 2023.

de la croyance réduite à une parole intouchable du maître. Il a pour objectif de faire croire qu'il y aurait violation de la liberté de culte en informant un fidèle des exactions de son groupement d'appartenance. En effet, si le fidèle ou l'adepte, qui découvre progressivement le caractère sectaire de son groupe d'appartenance, éprouve un choc d'une grande violence, souvent traumatique, ce choc n'existe que par la cloche informationnelle que le groupe impose à ses victimes. Dès lors, c'est bien cet abus, préalable à tout abus spirituel, qui est problématique.

En matière de liberté fondamentale, l'approche méthodologique retenue est dite téléologique (la proportion entre la règle et son objectif) ; elle est aussi appliquée à la matière sectaire et elle reste un réflexe de pensée dans la prise de toute décision ou mise en place d'une stratégie judiciaire. Cette approche retenue par les juridictions suprêmes (Conseil d'État, Cour de cassation, Conseil constitutionnel, Cour de justice de l'Union européenne, Cour européenne des droits de l'homme) cherche un équilibre entre les différentes libertés et les buts légitimes à atteindre. Il convient de protéger en gardant un juste milieu. Cette logique est subtile, mais essentielle à comprendre, car elle sous-tend toute la matière de la lutte contre les dérives sectaires.

Dans le domaine de la dérive sectaire, il convient d'agir avec circonspection. En effet, en présence d'une victime, il peut y avoir une tendance à « vouloir » pour la personne ou lui imposer son rythme, sa vision des choses. La famille peut imaginer déprogrammer le lavage de cerveau sectaire par un contre-endoctrinement – cela est strictement contraire à la logique sous-tendue par les libertés fondamentales[6]. Pour éviter de créer du traumatisme, il est nécessaire de garder en permanence une neutralité et de ne pas pousser une victime au-delà de ce qu'elle peut accepter à un moment donné.

---

[6] CEDH, Riera Blume et autres c. Espagne, 14 janvier 2000, n° 37680/97.

La recherche d'un équilibre est fondamentale pour ne pas tomber dans le piège que tend la rhétorique sectaire d'une action indiscriminée contre les croyances, pour délirantes qu'elles soient. La lutte contre les dérives sectaires ne peut en aucun cas viser des groupes *ad hominem* ou être une croisade contre une croyance particulière. Cette approche est stérile et inutile. Elle ne protège d'ailleurs pas les victimes qui, sous emprise, vont avoir tendance à se radicaliser pour défendre leur foi. La bonne approche, retenue par la loi, est celle de la lutte contre les dérives et cela veut dire en partant des droits des victimes et de la protection des victimes par rapport à la singularité de leur vécu. Il convient de garder en tête que les groupes à déviances sectaires ont de larges moyens financiers qu'ils investissent généreusement dans le financement de campagnes de lobbying et judiciaires, notamment par des procédures bâillons, en diffamation, pour faire taire toute critique. La plupart des informations concernant les activités des associations de défense des victimes sont publiques et notamment leurs rapports moraux, dès lors qu'elles bénéficient de subventions, obligeant à la circonspection.

B. L'État tolérant, mais encadrant

L'État est aveugle à la religion de ses citoyens[7]. Il s'agit d'un principe socle de la démocratie, car il nourrit la liberté de conviction des individus et le droit de se regrouper ; il construit une sphère personnelle inviolable au cœur de l'intimité. La conviction intérieure est du ressort de chacun. La laïcité en droit français est un héritage majeur des Lumières et de la Révolution française. Il a fallu néanmoins attendre la Troisième République et la loi de 1905 pour que soit

[7] Loi concernant la séparation de l'Église et de l'État du 9 décembre 1905, loi encadrant le port de signes ou de tenues manifestant une appartenance religieuse dans les écoles, collèges et lycées publics du 15 mars 2004 et décret nº 2021-1802 relatif au référent laïcité dans la fonction publique.

consacrée une loi à la laïcité : elle entérine la séparation de l'Église et de l'État.

« La République ne reconnaît, ne salarie, ni ne subventionne aucun culte » (art. 2, loi 1905). Le principe est donc que la République est aveugle au culte : elle n'en soutient ni n'en subventionne aucun. Elle ne prend pas position. Le principe que l'État ne choisit pas est socle. De lui émerge une série de prescriptions : l'administration comme lieu et comme collectif humain doit maintenir la plus stricte impartialité. Ainsi, le personnel administratif et les lieux administratifs n'arborent aucun signe ostentatoire d'un culte. Il s'agit d'une obligation de neutralité ; ce concept est distinct d'une volonté étatique de suppression du fait religieux. Au contraire, il s'agit pour l'État de dire que cette question n'est pas de son ressort et qu'il s'en détourne.

Évidemment, cette très stricte neutralité ne peut pas toujours être appliquée. Par exemple, dans les lieux de privation de liberté, un service public du culte est nécessaire pour assurer le respect de la liberté de croyance. En outre, l'État possède un patrimoine historique religieux, qu'il lui faut entretenir ; à ce titre, l'État participe à la rénovation de la cathédrale Notre-Dame de Paris, établissement de culte catholique. Des lycées à caractère religieux peuvent être sous contrat avec l'État… Toutefois, toutes ces mesures étant des exceptions au principe, il convient que l'État ou les collectivités territoriales n'y participent que dans la stricte nécessité de l'intérêt commun.

La question est plus complexe en dehors de l'administration, lieu clos, pour atteindre l'espace public en lui-même : peut-on interdire les manifestations religieuses dans l'espace public de manière générale ? Le principe que la République ne reconnaît aucun culte et la liberté de culte s'opposent à une telle interdiction générale. Le principe de neutralité ne peut être rompu que pour assurer d'autres impératifs. D'un point de vue méthodologique, le législateur doit mettre en balance les droits et libertés en jeu pour assurer un équilibre. Par exemple, l'interdiction du voile intégral dans l'espace public se justifie pour des raisons de sécurité.

« Dans les écoles, les collèges et les lycées publics, le port de signes ou tenues par lesquels les élèves manifestent ostensiblement une appartenance religieuse est interdit[8]. » L'interdiction du port du voile à l'école, disposition plus contentieuse, est généralement justifiée par l'importance de la neutralité religieuse des élèves, pour permettre le bon déroulement de la scolarité. Il s'agit d'éviter de faire entrer dans la salle de classe des tabous religieux. Toutefois, force est de constater que l'acceptation de la pratique religieuse, généralement dans ses versions minoritaires, est loin de faire l'objet d'unanimité dans le débat public. Ces questions sont particulièrement complexes, car les domaines de la croyance et de la foi ne peuvent être réformés sans toucher à l'intime le plus absolu du sujet. Elles tendent à créer des réactions fortes et un clivage de la population. D'un côté, la crainte de voir se développer des comportements prosélytes abusifs est légitime ; mais en vis-à-vis, le risque de communautarisation des individus mis au ban en raison de pratiques religieuses est bien réel.

Le rôle de l'État est de maintenir l'information et de lutter contre les abus de manière préventive ou punitive, mais en dehors de cela, il ne peut pas imposer un choix de religion et doit laisser l'accès aux cultes. C'est sur la base de ce raisonnement que le Conseil d'État a admis la nécessité d'aumôniers Témoins de Jéhovah dans les lieux de prison ou de l'interdiction de forcer une transfusion sanguine. La logique est celle de la mise à disposition de la population d'un minimum de diversité religieuse, et cela, notamment dans les offres éducatives. L'équilibre est donc subtil entre la protection de la capacité de l'individu à se faire une opinion et le respect de ses choix fondamentaux de croyance. L'enjeu se noue sur la volition du sujet qui doit toujours pouvoir faire

---

8 Art. L141-5-1 du Code de l'éducation.

un choix libre et éclairé. La liberté de pensée n'est pas qu'une obligation négative de l'État, mais bien une obligation prescriptive ; elle oblige l'État à permettre et à favoriser la multiplicité de l'offre religieuse et à la protéger. Dès lors, c'est sur cette ligne de crête que se campe avec plus ou moins de succès la jurisprudence. Il s'agit aussi de la ligne rouge à ne pas dépasser.

II. LA CONSTRUCTION D'UNE POLITIQUE PUBLIQUE FRANÇAISE

La loi About-Picard[9], votée à l'unanimité par l'Assemblée, est la résultante de commissions d'enquête parlementaires déclenchées par les suicides de masse d'origine sectaire qui ont violemment ébranlé l'opinion publique. Elle modifie le droit français pour y intégrer des dispositions de lutte contre les dérives sectaires confirmées par la loi du 10 mai 2024 (A). Cette politique publique est incarnée, entre autres, par la Mission interministérielle de vigilance et de lutte contre les dérives sectaires (la Miviludes[10]) (B).

A. Le travail législatif : des enquêtes aux lois

Le mouvement législatif a été amorcé par un travail minutieux d'analyse de l'Assemblée nationale. Les massacres des membres de l'Ordre du Temple solaire[11] sont à l'origine de la première commission d'enquête parlementaire consacrée aux sectes ; elle publia son rapport, « Les sectes en France », le 10 janvier 1996. Par la suite, en 1999, une deuxième

---

9 La loi n° 2001-504 du 12 juin 2001 tendant à renforcer la prévention et la répression des mouvements sectaires portant atteinte aux droits de l'homme et aux libertés fondamentales.
10 Décret n° 2020-867 du 15 juillet 2020 modifiant le décret n° 2002-1392 du 28 novembre 2002 instituant une mission interministérielle de vigilance et de lutte contre les dérives sectaires.
11 En 1994 et 1995, au Canada, en Suisse et en France.

commission étudia l'ampleur économique des dérives sectaires. En 2006, une troisième se consacra « à l'influence des mouvements à caractère sectaire et aux conséquences de leurs pratiques sur la santé physique et mentale des mineurs ». Et enfin, en 2013, une dernière commission travailla sur l'influence des mouvements à caractère sectaire dans le domaine de la santé.

Des deux premiers rapports émergea la loi About-Picard qui marque l'entrée de la dérive sectaire dans le dispositif juridique français, par l'ouverture de l'infraction d'abus frauduleux à l'emprise mentale et en offrant ainsi aux praticiens leurs premiers outils de lutte contre les groupements sectaires. Elle met ainsi fin à un vide juridique par la révision de l'article L. 223-15-2 du Code pénal en y insérant la sujétion psychologique par l'usage de techniques psychologiques. L'infraction existait déjà dans une version cantonnée à l'exploitation malfaisante de vulnérabilités préalables : âge, handicap, précarité, maladie. La manipulation psychologique ne pouvait pas créer un abus frauduleux. La loi dispose depuis lors qu'« est puni [...] l'abus frauduleux de l'état d'ignorance ou de la situation de faiblesse [...] d'une personne en état de sujétion psychologique ou physique résultant de l'exercice de pressions graves ou réitérées ou de techniques propres à altérer son jugement, pour conduire ce mineur ou cette personne à un acte ou à une abstention qui lui sont gravement préjudiciables ». L'expression de techniques psychologiques renvoie, sans le dire, à la notion psychologique d'emprise mentale.

À l'origine, le projet de loi prévoyait une définition de la manipulation mentale et la création d'une infraction autonome. Cet article n'a pas été retenu dans la loi votée qui refuse une infraction autonome d'emprise mentale au profit d'une sous-catégorie de l'abus frauduleux[12]. L'article L. 223-

12 La difficulté de transformer un article de loi en une réalité judiciaire confirme la pertinence d'une approche *a minima*. Il a fallu de nombreuses

15-2 a été critiqué par les praticiens, dont la rédaction, lourde, est mal comprise par les autorités. Beaucoup de juridictions refusent de caractériser l'abus frauduleux sans la preuve d'une condition préalable (infirmité, troubles mentaux) quand le texte n'en dit rien. L'idée que des techniques psychologiques suffisent pour saper les bases mêmes du libre arbitre n'est pas encore pleinement acceptée par les acteurs du monde judiciaire.

La loi About-Picard permet au-delà de l'abus frauduleux d'obtenir la fermeture administrative de groupements déviants. La loi prévoit que « peut être prononcée, selon les modalités prévues par le présent article, la dissolution de toute personne morale [...] qui poursuit des activités ayant pour but ou pour effet de créer ou d'exploiter la dépendance psychologique ou physique des personnes ». Malheureusement, cette condamnation est restée pour le moment lettre morte et n'a pas fait, à notre connaissance, l'objet d'application, quand bien même plusieurs mouvements ou groupements répondent à tous les critères pour leur dissolution. Un travail des associations et des praticiens doit être mené sur ce front, car la loi prévoit que « la procédure de dissolution est portée devant le tribunal judiciaire à la demande du ministère public agissant d'office ou à la requête de tout intéressé[13] ». Là encore, on perçoit toute la distance qu'il existe entre un article de loi et sa mise en œuvre.

Enfin, la loi About-Picard limite les possibilités des groupements déjà condamnés de faire de la publicité et de diffuser des informations auprès de la jeunesse. Similairement

---

années pour que les procureurs s'emparent de cet article dans la construction de leur politique pénale. Un article plus large – comme cela est le cas en Belgique – a été un frein et n'a débouché que sur de très peu nombreux jugements.

[13] Les dissolutions de mouvements radicalisés passent généralement par la voie administrative du décret pris en Conseil des ministres par le président de la République sur le fondement de l'article L. 212-1 du Code de la sécurité intérieure.

à la dissolution d'un groupement sectaire, ces dispositions n'ont fait que l'objet de peu de mise en œuvre pratique.

La loi du 10 mai 2024 a renforcé ce dispositif en consolidant le rôle de la Miviludes, et en clarifiant la réponse pénale par de nouvelles infractions et une aggravation des peines. Elle consacre ce que la loi About-Picard n'avait pas osé : une infraction autonome de sujétion psychologique.

B. L'administration dans la lutte contre les dérives sectaires

La Miviludes

Fer de lance de la politique publique de lutte contre les dérives sectaires, la Miviludes fédère en une instance interministérielle une équipe pluridisciplinaire. Elle agit sous l'autorité du secrétaire général du Comité interministériel pour la prévention de la délinquance et de la radicalisation (SG-CIPDR)[14]. Elle œuvre auprès des victimes par le recueil et traitement de signalements ; elle conseille, forme et informe le public et les acteurs administratifs.

Le 7 octobre 1998 est fondée la Mission interministérielle contre les sectes (la MILS). Cette appellation a subi la critique : les éléments de langage de lutte contre les « sectes » ont fait place à une « lutte contre les dérives sectaires[15] ». Cette évolution indique mieux l'équilibre à garder entre liberté de croyance et dérives sectaires. Ainsi, la MILS a été refondue en Miviludes en 2002 (Mission interministérielle de vigilance et de lutte contre les dérives sectaires). La Miviludes, d'abord relativement indépendante, et située sous le Premier ministre, est passée par un décret de 2020 sous le ministère de l'Intérieur, par une affiliation au SG-CIPDR dans le portefeuille du secrétaire d'État à la citoyenneté.

---

14 À la date de publication les décrets d'application de la loi du 10 mai 2024 n'ont pas été publiés.

15 Il est toutefois abusif d'en conclure que le terme « secte » serait devenu interdit dans la langue française. Rien ne s'oppose à son utilisation.

La Miviludes jouit d'une équipe d'une dizaine de personnes détachées de plusieurs ministères, dont généralement la police nationale, la gendarmerie, la justice et le ministère de la Santé. Elle est dirigée par un chef, le plus souvent un haut fonctionnaire. Elle dispose d'une équipe d'agents administratifs dédiés à l'observation et à la surveillance des mouvements à caractère sectaire. Elle travaille avec les différentes administrations, pour éviter l'effet silo de l'organisation administrative française, en servant de courroie de transmission de l'information et en proposant des formations. Elle coordonne aussi des projets avec l'aide des associations.

Annuellement, elle édite son rapport d'activité qui dresse un état des lieux des signalements et croque l'évolution globale du phénomène sectaire. L'ouvrage n'hésite pas à décrire de nombreux groupes sectaires et il commente les dernières évolutions judiciaires. D'année en année, il s'est imposé comme texte de référence pour comprendre l'évolution du phénomène en France[16].

Elle reçoit via son site Internet des signalements, presque 700 annuellement. La Miviludes n'a pas de pouvoir indépendant d'enquête, elle agit sur le fondement de l'article 40 du Code de procédure pénale et saisit le parquet quand elle constate des infractions. Saisie d'un dossier, la Miviludes émet des rapports et donne des avis qui sont un soutien utile dans le cadre d'une procédure judiciaire.

La loi du 10 mai 2024 a consolidé le rôle de la Miviludes en l'inscrivant dans la loi et en fixant ses missions : de recueil de la parole des victimes et d'information. La loi innove par un article 157-3 du Code de procédure pénale ; il investit

16 La Miviludes fait face à un contentieux dense et systématique à l'initiative de groupes sectaires. Cette publication est donc un acte engagé et précieux car des acteurs privés seraient vite muselés par la menace contentieuse.

Miviludes un rôle *d'amicus curiae.* En cas de poursuites pour sujétion psychologique, le procureur peut lui demander son avis ; la Miviludes l'informe des éléments en sa possession sans pour autant prendre position sur un dossier : elle n'est ni une juridiction, ni un expert. Elle soumet des informations d'ordre général sur les groupements et sur les éléments sectaires afin de permettre aux acteurs judiciaires d'agir plus finement. Cela participe à la mission d'information de la Miviludes et permet de densifier les dossiers tout en facilitant la sensibilisation des juges aux sujets sectaires.

Le rôle des associations

De nombreuses associations accueillent les victimes et les accompagnent dans leur sortie d'un groupement sectaire ou assistent les membres de la famille d'une victime. Les organismes suivants sont les principales associations spécialisées sur la question :

– le CCMM Roger-Ikor, le Centre contre les manipulations mentales, a été fondé en 1981 par l'écrivain Roger Ikor pour lutter contre les dérives sectaires. L'association a une permanence téléphonique permettant de recevoir les appels de détresse et accompagne de nombreuses familles. Elle possède des relais sur tout le territoire métropolitain et dans les régions d'outre-mer ;

– la FECRIS, Fédération européenne des centres de recherche et d'information sur le sectarisme, est une association européenne dont sont membres de nombreuses associations de lutte contre les sectes. La FECRIS est référente auprès de l'ONU et du Conseil de l'Europe sur les questions des dérives sectaires ;

– le GEMPPI, Groupe d'étude des mouvements de pensée en vue de la protection de l'individu, est une association basée à Marseille (membre du réseau CCMM) qui lutte contre les dérives sectaires depuis 1988. Le GEMPPI a une permanence pour recueillir les demandes de victimes d'abus sectaires ;

– l'UNADFI, Union nationale des associations de défense des familles et de l'individu victimes de sectes, est une association de dimension nationale fondée en 1974 et participant à la lutte contre les dérives sectaires. Elle offre des consultations aux victimes sur rendez-vous et possède une vaste documentation sur le domaine sectaire ;

– le CAFFES, Centre national d'accompagnement familial face à l'emprise sectaire, est une association active dans le Nord de la France.

Les associations généralistes comme la Ligue des droits de l'homme et France Victimes ont aussi pu développer des connaissances sur la question sectaire et faire monter en compétence des professionnels.

Les autres organes administratifs

Les dérives sectaires, car invasives, touchent toute la société et donc mobilisent de nombreuses administrations.

Au niveau médical, les ARS (Agences régionales de santé) ainsi que les ordres des professions de santé (médecins, dentistes, kinésithérapeutes, sages-femmes…) interviennent en cas de pratique illégale d'une profession de santé ou d'abus par un praticien. Leur rôle est crucial dans le contrôle des professionnels de santé et leur pratique ; la tentation est toujours grande pour ces derniers de succomber aux charmes d'une nouvelle pratique[17].

La DGCCRF, dans sa politique de lutte contre la fraude et dans le suivi de la mise en œuvre du droit de la consommation, dispose d'un portail de signalements en ligne : SignalConso[18]. Elle intervient sur toutes les questions liées à la commercialisation de produits et de services. Son rôle s'est accru dans le domaine sectaire avec le bouquet de

---

[17] Les actes thérapeutiques alternatifs ne sont pas conventionnés et font donc l'objet d'une tarification libre, généralement très à l'avantage du praticien.

[18] https://signal.conso.gouv.fr/fr

réglementations de contrôle des influenceurs et notamment des influenceurs de santé[19].

Enfin, les préfectures ont mis en place un système de référents sur les dérives sectaires. Leur rôle, en qualité de représentantes de l'État, est de coordonner les politiques publiques à un niveau local. La circulaire du 5 août 2024[20] du garde des Sceaux, prise en application de la loi du 10 mai 2024, réaffirme le rôle des services de l'État et notamment par la mise en place de conseils départementaux dédiés entre autres à la lutte contre les dérives sectaires.

---

19 Loi nº 2023-451 du 9 juin 2023 visant à encadrer l'influence commerciale et à lutter contre les dérives des influenceurs sur les réseaux sociaux.

20 Circulaire CRIM 2024 – 12/E1-05/08/2024, NOR JUSD2421930C.

CHAPITRE 2

COMPRENDRE L'ABUS FRAUDULEUX DE L'ÉTAT DE SUJÉTION PSYCHOLOGIQUE

Comprendre ce qu'est l'abus frauduleux par sujétion psychologique n'est pas évident de prime abord. Cela suppose d'accepter une idée première, celle que quiconque, sans nécessité de vulnérabilité psychologique ou psychiatrique, peut se laisser déposséder de son libre arbitre. Afin de mieux cerner la notion, nous étudierons ce qui ressortit à la sociologie et à la psychologie (I) avant de pouvoir aborder la prévention pénale cardinale de l'abus frauduleux de l'état de sujétion psychologique (II).

I. APPROCHES PSYCHOSOCIOLOGIQUES

Tout groupement religieux n'est pas sectaire et réciproquement tout groupement sectaire n'est pas religieux. Le point de catégorisation n'est pas là, mais se situe dans la relation très particulière entre le gourou et l'adepte : une relation de pouvoir et de contrôle. Les méthodes sectaires s'apparentent aux techniques politiques totalitaires ou utilisées par les partis dits « extrêmes ». Le gourou, par l'usage de croyances, requiert de ses disciples l'abandon de leur libre arbitre. Pour atteindre ce point critique, des mécanismes psychologiques sont mobilisés. Il convient de partir d'un point de vue sociologique pour comprendre ce qu'est un groupement sectaire (A) aliénant la personnalité de ses membres (B) avant de décrire le rapport d'emprise entre le groupement et ses adeptes (C), via un système construit sur de grandes croyances (D) et enfin de déconstruire quelques contre-vérités propagées par leurs lobbyistes (E).

A. Les caractéristiques d'un groupement sectaire

On ne parle pas de secte en droit français, cela résulte du principe de laïcité, l'État ne prend pas parti sur la validité des croyances ; cependant, certains groupements ou mouvements peuvent présenter un caractère déviant, on parle alors de dérives sectaires. L'administration fournit une liste non exhaustive de critères[21] :

1. La déstabilisation mentale ;
2. Le caractère exorbitant des exigences financières ;
3. La rupture avec l'environnement d'origine ;
4. L'existence d'atteintes à l'intégrité physique ;
5. L'embrigadement des enfants ;
6. Le discours antisocial ;
7. Les troubles à l'ordre public ;
8. L'importance des démêlés judiciaires ;
9. L'éventuel détournement des circuits économiques traditionnels ;
10. Les tentatives d'infiltration des pouvoirs publics.

Les critères s'articulent autour d'un embrigadement sur un discours antisocial conduisant à des abus.

Un discours absolu et irréductible au général

L'envers de la dérive sectaire, d'un point de vue psychologique, est l'emprise mentale. Autrement dit, l'asservissement psychologique à un régime de vérité. Le

---

[21] Circulaire du Premier ministre du 27 mai 2005 relative à la lutte contre les dérives sectaires et circulaire du ministre délégué en charge de la Citoyenneté, en date du 2 mars 2021 (INTK2106626). Les critères sont repris dans la circulaire du 5 août 2024.

discours sectaire est antisocial ; il est en marge du discours normal, socialement admis. Il est par définition minoritaire, secret, présenté comme réprouvé par le pouvoir en place. Que cela soit un discours du bien-être, une métapsychologie, des explications économiques, il révèle ce que l'on ne vous apprendra jamais en dehors du groupement. L'intégration dans ce discours finit par entraîner un rejet du commun. L'enfermement sectaire, dans un régime de vérité présenté comme absolu, instille chez l'adepte une appréhension du réel délirante. Il accède à une vérité absolue réservée aux initiés.

Le discours sectaire devient rapidement irréductible au général. L'adepte l'accepte comme seule source de vérité. C'est justement par son côté systématique, qui sait tout, que l'emprise s'installe, car le gourou répond à toutes les questions existentielles. Tous les mouvements sectaires ne parviennent pas à ce niveau de raffinement, mais le caractère totalisant de la croyance est un des facteurs remarquables.

Indifférence du religieux

Si dans la langue courante « secte = mouvement religieux minoritaire », tel n'est pas le cas dans le langage juridique. La dérive sectaire n'a rien à voir avec le religieux, la foi, ou les croyances sous-tendant les groupements. Il s'agit uniquement de la dérive, c'est-à-dire de l'abus, qui est l'objet d'une contestation. Dès lors, aucun élément religieux n'apparaît dans les critères retenus. Les évolutions sociologiques récentes montrent que le phénomène sectaire s'écarte du religieux pour croître dans le domaine de la santé, du développement personnel, dans la mise en place de systèmes économiques pyramidaux.

La dérive sectaire ne relève pas exclusivement du domaine du religieux ; elle découle d'une aspiration universelle et anthropologique de l'homme à croire. Derrière elle, c'est toujours l'emprise mentale qui pointe son nez. Elle existe potentiellement dans toutes les relations humaines et peut survenir dans un cadre familial ou dans des relations toxiques de couple. Derrière les myriades de formes dont elle se revêt, le point commun est l'exploitation à des fins privées d'une autre personne par une manipulation psychologique.

On trouve notamment des dérives de type sectaire dans les mouvances suivantes :

– L'industrie pornographique et de traite humaine. Les réseaux d'*escort-girls* et les agences d'actrices de l'industrie pornographique fonctionnent souvent comme des groupes avec dérives sectaires. La société de production est la seule qui reconnaît le talent de la personne et qui lui permettra d'atteindre le succès et le bonheur.

– Les groupements politiques. Des groupuscules d'extrême droite ou d'extrême gauche, mais aussi dans la mouvance écologique ou complotiste, présentent des dérives sectaires. Sous la couverture d'associations, des groupements militants construisent une vision radicalisée du réel et en font un credo porté par le leader du groupe.

– Les associations caritatives. Beaucoup de groupements sectaires se cachent derrière des associations actives dans la société civile. Ces associations paravents servent à recruter sous couvert d'une utilité sociale. On trouve fréquemment derrière des associations éducatives, d'aide aux victimes, de prise en charge de rescapés de catastrophes naturelles des industriels de la croyance.

– Le domaine économique, avec les organisations de vente pyramidale, comporte aussi des groupements déviants qui vendent à leurs membres la croyance en une émancipation financière facile, moyennant le suivi de formations, l'achat de droits de franchise, pour commercialiser des produits douteux. Ce type de structure exploite les mécanismes de l'emprise mentale.

– Les groupes thérapeutiques. On dénombre beaucoup de dérives sectaires chez des praticiens du bien-être et de la thérapie, du yoga, qui utilisent leurs techniques pour créer des groupements déviants.

– Les groupes de vie commune ou coopératives. Des coopératives ou des néo-villages collectifs peuvent présenter des dérives sectaires. L'aspect territorial est un élément clé de la compréhension de la dérive sectaire : la secte construit un territoire physique et mental qui lui appartient.

– Les groupes éducatifs. Des centres de formation ou des groupes scolaires peuvent être inféodés à des groupements sectaires et avoir pour objectif de recruter et d'inculquer à leurs étudiants les fondements de l'idéologie desdits groupes.

– Les groupes de large amplitude. Il s'agit de groupes qui organisent des week-ends ou autres événements à grande échelle en faisant intervenir des dizaines de personnes. Les individus vivent ensemble une série d'épreuves ayant pour objectif de les réaffirmer, notamment en construisant des rites d'initiation comme pour retrouver sa « masculinité » ou sa « féminité sacrée ».

– Les relations toxiques. Une dérive sectaire peut commencer à deux quand une personne dans un couple tombe sous l'emprise de l'autre personne.

– La voyance et autres ésotérismes. La pratique du désensorcellement est très fréquente dans les dérives sectaires. L'ensemble des savoirs populaires, déjà ancrés dans les inconscients, est un terrain propice pour développer des pratiques visant l'emprise ou, plus prosaïquement, l'escroquerie.

On est donc très loin de la pure dérive religieuse. L'atteinte est d'abord une atteinte aux libertés fondamentales et relève de l'abus.

B. Groupement aliénant la personnalité de ses membres

Le terme dérive sectaire traduit en droit la notion d'emprise mentale qui naît de mécanismes psychologiques par lesquels un individu abandonne son libre arbitre à un gourou à son détriment. Elle ouvre la porte à de nombreux abus. Pour

Robert Jay Lifton[22], le groupe sectaire met en place des techniques de contrôle de l'adepte au travers de cinq mécanismes.

Contrôle de l'environnement (« Milieu Control »)

Le groupe instaure une soumission des adeptes dans leur vie privée. L'enceinte sectaire contrôle l'adepte dans le temps et l'espace pour cloître son esprit. Le contrôle prend, entre autres, la forme d'une vie en communauté, de la fréquentation assidue de réunions ou de séminaires, de l'assujettissement à un chaperon, de vérifications incessantes des comportements, de la diffusion de guides de conduite, d'un suivi des relations personnelles (notamment le mariage au sein du groupe) et professionnelles, de l'existence de procédures d'enquête... Le contrôle peut être réel ou une croyance construite – l'adepte imagine l'existence d'un contrôle permanent. Par cette surveillance constante de l'individu, le groupe exploite l'inclinaison paranoïaque latente en chacun de nous. L'encerclement est insidieux : réalisation d'un séminaire à l'étranger ou dans un lieu reculé, pour que l'adepte ne puisse pas partir, suppression des moyens de communication (pour que le monde extérieur ne vienne pas bloquer par ses mauvaises ondes la croissance en cours...), etc.

Manipulation mystique (« Mystical Manipulation »)

Le groupe crée par artifice des expériences (par exemple par des transes collectives) ou de sensations (par des exercices spirituels ou des contraintes alimentaires) pour valider son discours. En créant des ascenseurs émotionnels, en donnant des interprétations à des événements fortuits, le gourou manipule les croyances. Les illustrations ne manquent pas : la

---

22 LIFTON Robert Jay, *Thought Reform and the Psychology of Totalism: a study of "brainwashing" in China*, Martino Publishing, Mansfield Centre, CT, 2014, 510 p.

pratique de groupes de cri primal, l'organisation de séminaires ayant pour objet la mise en place de transes collectives, la réalisation d'exercices psychologiques, de méditation, les pratiques de bombardements d'affection (tous les membres du groupe sont particulièrement accueillants et affectueux avec l'entrant pour lui donner une sensation de protection maternelle qui est en réalité commanditée par la volonté de recruter). Quand un adepte ressent une émotion ou réussit quelque chose, tout est ramené à une preuve de la vérité des croyances. Un exemple presque comique est rapporté par Margaret Singer qui expose une secte imposant un végétarisme sévère : le passage d'un régime alimentaire carné à un régime végétarien entraîne de manière physiologique des maux de ventre ; la manipulation consiste pour le groupe à dire que l'existence des maux de ventre est la preuve de la présence de toxines, ou de mauvaises pensées, ou de mauvais karmas à extirper. La réalité physiologique est réinterprétée comme une preuve intime de la réalisation de la vérité du groupe. Une joie, une tristesse deviennent un marqueur d'un progrès ou d'un travail à faire.

Demande de pureté (« Demand for Purity »)

Le gourou promeut un idéal inatteignable pour contraindre les adeptes à s'épuiser dans la conquête d'un mirage. Il sape ainsi leur confiance en soi sous couvert d'un développement personnel ou religieux. Les adeptes adoptent une discipline sévère : régime végétarien, abstinence sexuelle, pratiques religieuses constantes, exercices de méditation, prières… qui se nourrit de la compétitivité naturelle à toute dynamique humaine. L'expérience groupale galvanise le surmoi des membres. Le processus de socialisation se restructure sur une domination hiérarchique exprimant des normes inatteignables d'excellence. L'existence de paliers ou de niveaux initiatiques dont l'obtention se complexifie (et souvent s'enchérit) stimule le mirage d'une épiphanie possible.

La culture de la confession (« The Cult of Confession »)

Le gourou édicte une obligation de confier ses expériences et surtout ses tentations. Cette pratique détruit les frontières personnelles des membres. Les confessions portent sur les éléments passés, mais aussi sur les mauvaises pensées. L'adepte expose ses violations à la règle posée par le gourou, ainsi que ses défauts, ses craintes et angoisses. Ces informations permettent de contrôler l'adepte par une fausse intimité. Dans les groupes à tendance thérapeutique, on trouvera par exemple un rite de demande de pardon à toutes les personnes que l'on a pu blesser, la mise en commun d'une liste de mauvaises attitudes qui ont entravé notre réussite, ou plus simplement une obligation de thérapie individuelle avec le gourou. Ce qui est un élément d'emprise mentale est la répétition de ces confessions qui deviennent une part de l'hygiène de vie du groupe. Il y a en permanence une exigence pour l'adepte à se livrer. Le culte de la confession est particulièrement efficace, car il engage l'adepte dans la reconstruction et la réinterprétation de son propre passé selon l'idéologie du groupe. La réalisation de cette reconstruction en public entraîne des mécanismes psychologiques de soumission particulièrement efficaces. Par ailleurs, le gourou au centre des confessions obtient ainsi toutes les informations nécessaires pour discerner les faiblesses des individus et établir sa stratégie de séduction et d'embrigadement.

La science sacrée (« The Sacred Science »)

Il y a une vérité qui est inaltérable et sacrée. Les éléments du credo du groupe ont une vérité scientifique, politique, philosophique et morale absolue. Il s'agit de purs articles de foi sur lesquels le doute est interdit. À partir du moment où le dogme du groupe ne peut être remis en question et que le débat n'est pas permis, on est en présence d'une « science sacrée » qui fonctionne par argument d'autorité et non par la mise en place d'un débat et d'un consensus scientifique. La science sacrée, évidente dans les groupes religieux, est présente dans tout groupe qui prétend à un absolu : par exemple la promotion d'un yoga ou d'une méditation aux bienfaits thaumaturgiques. Si les pratiques physico-spirituelles présentent des gains de santé évidents, elles tombent dans les sciences sacrées quand ces avantages deviennent trop universels et ont pour seule preuve la parole du groupement.

Le langage-slogan (« Loading the Language »)

Le langage-slogan dote le groupe d'un jargon dont les termes tranchés agissent comme le point Godwin[23] en rhétorique : ils arrêtent tout débat et empêchent la discussion. La technique est fréquente dans le discours politique : les purges staliniennes visaient des « ennemis de classe », des « bourgeois ». Des groupements évangéliques déclarent une mère « possédée », des intégristes s'opposent « aux infidèles », etc. Les médias reprennent ces techniques avec des gros titres abominant les « islamo-gauchistes », les « fachos », le « wokisme »…

Ces étiquettes, supposées dénoter l'épure de l'individu, interdisent toute réplique. Elles cataloguent des personnes hors du groupe et forgent une ligne de pensée totalitaire. Elles créent des phrases toutes faites en reflet de la vérité catégorique du gourou pour enserrer la réalité dans son verbe.

La doctrine sur la personne (« Doctrine over Person »)

La doctrine du groupe vaut toujours plus que les circonstances particulières des individus. On trouve des exemples frappants dans les pseudo-pratiques médicales : le groupement, plutôt que de proposer de vrais soins, impose le recours à ses guérisseurs. Leurs pratiques suivent un modèle unique, jamais remis en question, valable pour tout le monde.

---

[23] Le point Godwin est le moment en rhétorique où les contradicteurs, ne trouvant plus rien à dire, finissent par se traiter de « nazis » afin de couper court à tout discours possible. L'utilisation de ce type d'insultes entraîne généralement la fin du débat car il serait absurde d'y répondre et impossible de passer outre.

Ne manger que des légumes crus est la clé de voûte de toute santé vigoureuse, et cela serait vrai pour tout le monde et en toutes circonstances.

Une vraie psychothérapie repose sur un travail introspectif rigoureux et unique à chaque individu, pour lui permettre d'épanouir son soi, selon une quête individuelle et respectueuse de sa personnalité. Au contraire, lors d'une emprise mentale, la personne est réifiée pour entrer dans les modèles archétypaux du groupe. Le monde, à taille unique, s'industrialise sur des distinctions immuables : « homme/femme » ou un modèle « androgyne », un mode de vie unique, un bonheur unique. L'esprit humain et le corps humain doivent sans nuance être forgés dans un moule universel.

Le peuple élu (« Dispensing of Existence »)

Les membres du groupement sont les meilleurs, les élus, ils sont protégés et vont pouvoir prospérer. Les personnes extérieures sont condamnées, car la vérité du groupe est la seule valable. Par exemple des cultes millénaristes postulent être le seul salut face à la fin du monde, des groupes thérapeutiques prétendent que leurs pratiques ouvrent la porte du bonheur ou, pour les groupes commerciaux, celle de la fortune.

Les abus

Les abus et conséquences de l'emprise mentale sont nombreux et généralement d'ordre financier, personnel et familial.

Le premier niveau d'abus touche la famille. Afin de pouvoir maintenir l'emprise, les groupes présentant des déviances sectaires s'attachent à briser les liens avec l'entourage présenté comme un danger. L'éloignement familial caractérise un début d'emprise mentale : la rupture de l'individu avec son cercle de sociabilité est difficile à réparer, car elle puise sa force sur une vision diabolisée du passé et de l'extérieur. Elle engendre des cicatrices profondes dans le tissu familial.

Ensuite, la dérive sectaire contient la promesse d'un changement ou l'exigence d'une transformation pour se conformer aux demandes du groupe. Les modifications comportementales s'étendent aux modes alimentaires, à l'activité professionnelle, au lieu de vie, en passant par l'intégration à une communauté, un déménagement, la pratique d'exercices spirituels, une modification du caractère et des émotions… La vérité totalisante oblige tout comportement à s'adapter à ses prescriptions, incluant des pratiques sportives, méditatives, des prières, des positions politiques, des habitudes vestimentaires ou comportementales. Elle s'insinue comme le prisme par lequel toute décision est prise et auquel tout comportement doit se conformer.

Une secte se paie sur ses adeptes : notamment, par des appels aux dons ou la vente de services abusifs. Il faut une anormalité dans la demande – pas une simple cotisation – comme donner mensuellement la majeure part de ses revenus, payer des formations ou des stages à un prix exorbitant par rapport au marché, l'obligation de suivre plusieurs niveaux d'instruction où chaque palier coûte encore plus cher… Pour certains groupements, la majeure part du profit découle d'une obligation d'acheter du matériel promotionnel ou des livres édités par le groupe.

L'utilisation d'un contexte cultuel pour exiger des relations sexuelles, sur la base de théories d'union mystique ou de prostitution des adeptes, est tristement fréquente. Les atteintes à la vie sexuelle des participants d'un mouvement prennent différentes formes : rapports sous contrainte morale, refus d'une sexualité non validée par le gourou…

Les groupes à dérive sectaire ont souvent tendance à se méfier de la médecine et à proposer leurs propres méthodes thérapeutiques, et cela, notamment pour tout ce qui traite des problèmes psychologiques. Les conséquences peuvent être dramatiques, car elles conduisent à écarter une personne ayant une grave maladie de la médecine conventionnelle.

Les enfants pris par un endoctrinement précoce s'éloignent souvent de la voie de l'école et du socle de valeurs cimentant l'adhésion à la société. Leur tribut à la secte est alors particulièrement élevé.

C. Emprise mentale : une approche psychologique

L'emprise mentale a été étudiée de près par des psychologues. Dans les dossiers d'abus frauduleux, des expertises psychologiques caractérisent la sujétion psychologique, généralement selon la proposition du professeur Parquet qui liste 9 critères (dont la réunion de 5 suffit pour prouver l'emprise). Il convient d'analyser les critères avant d'étudier les mécanismes mis en place pour assurer son émergence.

a. Les critères de l'emprise mentale

La jurisprudence et les experts judiciaires articulent leur raisonnement sur une série de critères qui correspondent à la mise en place d'un rapport de pouvoir interpersonnel.

L'emprise mentale peut commencer à deux personnes et existe dans des relations de couple ou de travail très délétères. Le discours sur la dérive sectaire est souvent mal compris et trompeur, car il donne l'impression qu'il ne s'agirait que de groupements religieux ou parareligieux. Ce n'est pas le cas. Le cœur du sujet est l'emprise mentale, autrement dit, l'instauration d'une sujétion psychologique. Les droits anglo-saxons parlent d'*undue influence* ou de *coercive control*. La notion est bien celle d'une influence non désirée et contrôlante. Il serait bon, en droit français, de sortir l'emprise mentale tant du giron de l'abus frauduleux que de la question fermée des dérives sectaires qui ne rendent pas compte de la réalité anthropologique.

Le professeur Parquet a distingué 9 critères généralement repris par la jurisprudence[24] :

1. Rupture avec les modalités antérieures des comportements, des conduites, des jugements, des valeurs, des sociabilités individuelles, familiales et collectives.
2. Acceptation par une personne que sa personnalité, sa vie affective, cognitive, relationnelle, morale et sociale soient modelées par les suggestions, les injonctions, les ordres, les idées, les concepts, les valeurs, les doctrines imposées par un tiers ou une institution : ceci conduisant à une délégation générale et permanente à un modèle imposé.
3. Adhésion et allégeance inconditionnelle, affective, comportementale, intellectuelle, morale et sociale à une personne ou à un groupe ou à une institution, ceci conduisant à :
   – une loyauté exigeante et complète,
   – une obéissance absolue,
   – une crainte et une acceptation des sanctions,
   – une impossibilité de croire possible de revenir à un mode de vie antérieur, ou de choisir d'autres alternatives étant donné la certitude imposée que le nouveau mode de vie est le seul légitime.
4. Mise à disposition complète, progressive et extensive de sa vie à une personne ou à une institution.
5. Sensibilité accrue dans le temps, aux idées, aux concepts, aux prescriptions, aux injonctions et ordres, à un « corpus doctrinal », avec éventuellement une mise au service de ceux-ci dans une démarche prosélyte.
6. Dépossession des compétences d'une personne avec anesthésie affective, altération du jugement, perte des repères, des valeurs et du sens critique.
7. Altération de la liberté de choix.

---

24 Par exemple, jugement correctionnel, tribunal de grande instance de Lisieux, 22 janvier 2013.

8. Imperméabilité aux avis, attitudes, valeurs de l'environnement avec impossibilité de se remettre en cause et de promouvoir un changement.
9. Induction et réalisation d'actes gravement préjudiciables à la personne, actes qui antérieurement ne faisaient pas partie de la vie du sujet. Ces actes ne sont plus perçus comme dommageables ou contraires aux valeurs et aux modes de vie habituellement admis dans notre société.

Selon le professeur Parquet, il suffit que seulement 5 de ces critères soient qualifiés afin de caractériser une emprise mentale.

La soumission librement consentie[25]

L'emprise mentale est un phénomène dans lequel tout le monde peut sombrer. L'entrée dans cet état de sidération est le résultat d'un parcours de recrutement par des agents experts et formés pour manipuler et mettre en œuvre un conditionnement psychologique, dont il est difficile de sortir.

La construction totalitaire de la dérive sectaire se construit toujours sur un chef charismatique, ou un groupement charismatique, qui fonde le groupe sur la base d'un pouvoir personnel. Le charisme n'est pas une particularité physique du chef, mais bien plus une relation sociale, un lien de pouvoir et une dynamique interpersonnelle, entre le sujet et le chef. Il y a charisme quand un ou des gourous ont le pouvoir de dire le vrai, d'ordonner, d'être institué dans la position de celui qui est seul supposé savoir[26].

---

[25] LALICH Janja, *Bounded Choice – True Believers and Charismatic Cults*, Londres, University of California Press, 2004, 329 p.

[26] La formulation est une référence à la position du thérapeute en psychanalyse : la relation de transfert institue le thérapeute dans une position de sachant sur la base de laquelle la thérapie rouvre la construction psychique de l'analysant. Ce rapport psychologique très particulier relève de la constitution de la psyché humaine. Le gourou prend cette position et l'exploite par la mise en œuvre de l'emprise dévoyant ce lien.

Le gourou est réputé sachant. Il se présente comme le détenteur d'une vérité autosuffisante et totalisante : elle répondrait à toutes les interrogations par des principes généraux constituant un viatique philosophique et thérapeutique à portée de l'adepte. La vérité éclairerait la condition humaine : dans ses espérances, ses choix et ses valeurs. Elle ne pourrait pas être l'objet d'un contredit, tout ce qui est hors d'elle ne serait que mensonge. Elle a pour interprète unique le gourou ; lui seul sait de source certaine. La vérité complète n'est pas transmise au disciple ; l'initiation est partielle, séquencée en niveaux. D'abord des principes généralement acceptables qui se cristallisent à la proximité du chef en des croyances englobantes. Cette vérité repose sur des articles de foi dont le gardien serait le groupe. La vérité n'est pas religieuse par nature : elle peut être philosophique, magique, politique, économique, thérapeutique… La source première de cette vérité est inspirée, secrète, transmise par le divin ou de grands génies, elle est par nature secrète et contestée par la société qui la craindrait.

Il s'agit là du point le plus important et sans doute le plus dur à comprendre : l'adepte doit se soumettre en conscience à cette vérité. Cette soumission volontaire, c'est-à-dire qui part d'un consentement de l'adepte, est bien évidemment biaisée, car le consentement n'est ni libre ni éclairé. Il y a toujours une demande du chef, qui propose à l'adepte d'adhérer à la vérité de son plein gré. L'adhésion est en réalité un piège car elle fonctionne comme un plébiscite, « moi ou rien », le savoir ou l'ignorance. La vérité étant totalisante, le fait pour le futur converti de l'accepter, l'intègre dans l'univers du gourou, gardien, chef et interprète de cette vérité, qui n'accepte aucune contradiction ou alternative. L'adepte modifie alors ses valeurs et ses références pour d'autres, acceptées comme autant d'articles de foi, sous le contrôle du gourou. La dynamique psychologique est que cette vérité abstraite et totalisante, librement choisie par l'adepte ; elle prescrit une règle fondamentale de décision. Le charisme du chef ne vient pas de caractéristiques physiques, mais de la conviction qu'il incarnerait, et lui seul, cette vérité, que l'adepte décide de placer au centre de sa vie, comme aune de ses décisions et de ses jugements de valeur. Il y a dès lors une dynamique de pouvoir et une soumission librement consentie de l'adepte au gourou par le biais de la vérité. C'est par elle que l'adepte organise sa vie psychique et qu'il attribue tout pouvoir au gourou.

b. Le processus d'embrigadement

L'emprise mentale résulte le plus souvent d'une sidération construite en quatre étapes (quelquefois les deux dernières sont réunies en une) : séduction, déstabilisation (*unfreeze*), changement, stabilisation (*refreeze*).

La séduction

D'abord vient la séduction. Un recruteur est à l'action lors d'une prise de contact en personne ou aujourd'hui plus couramment par des réseaux sociaux. La procédure se cadence dans un temps quelquefois long. Le recruteur crée un lien d'amitié et de confiance avec la personne recrutée. Il utilise un panel de leviers psychologiques, comme le bombardement affectif (*love bombing*), ou la flagornerie la plus éhontée. Il instille à la victime le sentiment qu'elle est unique, élue, car particulièrement sensible, belle, intelligente, et que le monde extérieur, contrairement à lui, est aveugle à ses qualités manifestes. La participation à de premiers ateliers ou activités de groupe, voire des séances de thérapie, assure une maîtrise des états émotionnels de la cible. Il s'agit de montrer au futur converti l'amour et le soutien qu'il recevra s'il accepte l'enseignement. Le séducteur a tendance à valider et à soutenir toutes les positions de la victime et à lui montrer un soutien sans faille. Il cherche à détecter les vulnérabilités pour les exploiter. Plus le lien de transfert entre le recruteur et sa proie est fort, plus la seconde étape sera effective.

La déstabilisation

Une fois le rapport établi, la deuxième étape est de déstabiliser. Le recruteur cherche un levier pour ébranler la personne par une critique radicale de son être au monde : elle a une part de responsabilité dans ce qui lui arrive. Le coupable est aussi souvent la famille. La personne est parfaite, mais en a-t-elle tiré toutes les conséquences ? Ne voit-elle pas que son conjoint l'empêche de grandir ? Ses troubles ne viennent-ils pas d'un traumatisme infantile ? La déstabilisation a pour objet d'ouvrir une brèche où la victime remet en cause ses modes de vie pour accéder au changement. Après l'amour inconditionnel vient une frustration artificielle, radicale, pour provoquer le rejet par l'endoctriné de son mode de vie antérieur. Le recruteur utilise souvent des procédés de type hypnotique ou de modification de l'état de conscience. C'est à ce moment que peuvent être implantés de faux souvenirs induits.

Le changement

Une fois la déstabilisation réussie, le recruteur propose une solution de changement – sans doute radicale, mais justifiée par le trauma, le trouble à résoudre – que le recruté devra absorber et réaliser dans tous les aspects de sa vie. La victime accède de manière volontaire à un savoir supérieur inscrit dans la vérité révélée par le recruteur et force de changement. Le recruté doit alors librement choisir d'accepter la vérité charismatique. Ces changements assurent l'emprise mentale : le nouveau régime de vie et les nouveaux cadres de référence inculqués reconfigurent la personnalité de l'adepte pour qu'il développe son nouveau moi. L'utilisation de techniques psychologiques est abondante pour assurer le portage émotionnel de la transformation. Le changement doit être vécu à un niveau totalement subjectif et émotionnel : cérémonie d'initiation, moment de joie collective… Le processus de changement peut se faire en groupe pour bénéficier des leviers de la pression sociale : moments de liesse collective, soumission à des épreuves, séances publiques d'autocritique, procédures d'induction hypnotique pour activer des états de conscience modifiés.

La stabilisation

Enfin débute la stabilisation. Elle est essentielle ; il s'agit pour la victime d'acter en public son changement et de participer aux activités du groupe pour figer et maintenir l'emprise mentale. La relation s'inscrit alors dans le temps avec un contrôle continu. La stabilisation ferme le changement en l'entérinant : la victime entre dans un champ idéologique fermé. Sa participation à des groupes de suivi, l'encadrement d'autres personnes, le contrôle de ses progrès par un superviseur, l'obligation d'assiduité à des réunions, à des activités de groupe, sont autant d'outils de contrôle social assurant la cristallisation d'une nouvelle personnalité.

c. Quelques techniques psychologiques

L'emprise mentale se consolide par l'exploitation de biais cognitifs : le cerveau présente des mécanismes automatiques et inconscients, à la racine de nos prises de décisions[27]. Ces différents outils ont été extrêmement étudiés et diffusés, notamment dans le cadre des études de marketing. Les stratégies de vente y recourent largement. Nous n'évoquerons que les biais les plus connus et les plus utilisés[28].

L'effet halo

L'effet halo est un biais psychologique par lequel on attribue les effets d'une chose à une autre par association d'idées. Par exemple, si quelqu'un que l'on apprécie nous propose quelque chose, on a facilement un *a priori* favorable

---

27 Voir KAHNEMAN Daniel, *Système 1, Système 2 : les deux vitesses de la pensée*, Paris, Flammarion, 2016, 706 p.

28 Le classique CIALDINI Robert, *Influence et Manipulation*, Paris, Pocket, 2014, 408 p.

envers cette chose. Pour favoriser l'adhésion, le groupe sectaire offre une fausse amitié. Le recruteur séduit, puis présente le groupe. Il exploite aussi une fausse spontanéité : une personne, ou un groupe de personnes, se montre particulièrement bienveillante et utilise cette gentillesse pour rendre acceptables des propositions ou pour faire des demandes. Les groupements sectaires recrutent d'abord par des réseaux d'amitié ou en utilisant des personnalités particulièrement sociables. Ils s'abritent aussi sous les bonnes causes ou des associations caritatives dont la cause défendue est au-delà de tout soupçon.

La cohérence et la dissonance cognitives

Le cerveau humain a besoin de cohérence. Ce qui contredit l'ensemble de nos croyances et de nos valeurs est rejeté. Face à une dissonance interne, l'angoisse ressentie exclut le contredit. Ainsi, on a plus de difficulté à socialiser et à parler avec des interlocuteurs dont les valeurs et les propos ne correspondent pas à nos croyances. Les groupements sectaires, en prenant des positions et en affirmant une vérité généralement contraire à la position générale, obligent à un saut dans l'absurde et referment le membre sur lui-même, car il doit se défaire de ses anciennes balises cognitives pour se socialiser au sein du groupe. Une fois intégré, un biais de confirmation se joue : tout le monde pense comme nous, c'est donc la vérité. En réalité, on a exclu tous ceux qui ne pensent pas comme nous de nos cercles de socialisation.

L'engagement et la persévérance

L'être humain est persévérant. Une fois qu'il commence quelque chose, il a du mal à changer de cap. Il persévère dans ce qui est cohérent avec son parcours. Ce biais est utilisé de nombreuses façons, notamment par la stratégie de la soumission volontairement consentie : une fois qu'une personne a pris un engagement oral et en public, elle a beaucoup de mal à s'en dédire[29]. Psychologiquement, l'engagement a plus de portée. Par exemple, une personne qui, après avoir suivi un séminaire par un groupe sectaire, accepte d'en parler devant une assemblée ou sur un réseau social augmente psychologiquement son engagement sans s'en rendre compte. Le prosélytisme, le fait de recruter ou de demander de l'argent, participe de ce mécanisme. La deuxième mécanique généralement utilisée est celle dite du « pied dans la porte » : en demandant quelque chose de petit à quelqu'un au départ, on favorise l'acceptation de quelque chose de plus grand après. Il s'agit du commercial qui demande d'abord d'ouvrir la porte pour répondre à une question. Il crée ainsi la possibilité de présenter un produit et alors d'obtenir un acte de vente. Les groupes sectaires proposent généralement des premières présentations, puis des séminaires, avant d'organiser des week-ends et d'augmenter *crescendo* l'adhésion.

La réciprocité

Face au don, l'humain veut rendre la pareille. La technique est bien connue des associations caritatives qui offrent de menus cadeaux dans leurs courriers d'appels à la générosité du public. Il est statistiquement prouvé que ces courriers garnis fonctionnent mieux. Les groupes sectaires exploitent ce biais par exemple en offrant des séminaires ou des heures de thérapie. Il s'agit de donner. L'offre est souvent immatérielle : de l'attention, de l'affection. Le recruté se trouve en situation de dette qu'il rembourse inconsciemment en participant aux activités du groupement. Cela engendre un engrenage d'investissement : plus il participe, plus il reçoit de l'affection et plus il veut en donner.

---

[29] JOULE Robert-Vincent et BEAUVOIS Jean-Léon, *Petit traité de manipulation à l'usage des honnêtes gens*, PU Grenoble, 2014, 320 p.

La preuve sociale

L'être humain est spontanément presque incapable de démêler le vrai du faux. La Terre est-elle plate ou sphérique ? On ne peut répondre à cette question que par le biais d'informations de tiers, sauf à aller dans l'espace. Il y a donc dans nos croyances un mécanisme très fort d'étayage social : on prend pour juste et bon ce qui est confirmé par des tiers. C'est tout le mécanisme de la mode. La preuve sociale est utilisée dans les groupements sectaires par des témoignages d'autres membres : les différents éléments de la doctrine sectaire font l'objet de confirmation au sein du groupe par des membres plus avancés. L'affirmation d'une contre-vérité par un tiers de confiance la rend crédible. Avec le développement des réseaux sociaux, les propos des sectes trouvent de multiples soutiens (souvent intéressés). Par la pratique de l'entrisme, qui consiste à placer des membres de secte dans des éléments de décisions politiques, médiatiques ou scientifiques, les plus grosses sectes ont des stars de cinéma ou des scientifiques qui confirment leurs positions dans les médias grand public.

L'étayage social prend aussi une forme plus insidieuse avec l'utilisation de l'image de l'adepte. Ce dernier exprime son ressenti en public par exemple dans une séance de témoignages ou par la réalisation d'une vidéo qui sera publiée en ligne. Il y a alors un double effet : celui de témoigner en public et donc de rester cohérent avec sa parole et de voir d'autres individus tenir des propos similaires et donc rassurants.

Autorité

L'être humain est très sensible à la hiérarchie et accepte facilement les ordres. Le fait qu'une personne soit perçue comme ayant un rang supérieur entraîne que le subordonné a tendance à suivre et à exécuter l'ordre[30]. Les groupements sectaires utilisent fréquemment des mécanismes de hiérarchie, des rangs au sein des membres, des degrés d'avancement, pour que les nouveaux entrants agissent par obéissance une fois pris dans une structure pyramidale et compétitive.

Les sciences sociales ont approfondi cette question lors d'expériences. Une personne investie d'autorité, par exemple un médecin, demande à des participants de réaliser un acte qui heurte sa morale : appuyer sur un bouton qui génère une décharge électrique sur une victime. La mise en scène et la construction du sentiment d'agir sur instruction d'une personne socialement légitime entraînent qu'une majorité de participants accepte.

La rareté

Principe essentiel du marketing de luxe : ce qui est rare est précieux, idem pour l'inaccessible. Le cerveau humain réagit au manque par un surcroît de désir. Le principe est exploité par les groupements sectaires quand ils affirment détenir une vérité particulièrement importante qui ne sera livrée qu'aux initiés, et cela, selon des grades. La notion d'initiation, et donc d'un savoir limité, exerce une forte séduction.

Réciproquement, de nombreux groupes sectaires surfent sur la notion d'élitisme et d'appartenance à une élite. La revendication du gourou de voir, contrairement au reste du monde, ce qui est réellement beau et exceptionnel chez l'adepte, de pouvoir offrir seul ce délicieux sentiment de reconnaissance et d'être vraiment vu, retourne la logique de rareté dans l'adepte, pierre précieuse ignorée.

---

[30] L'expérience de Stanford est la plus connue. Pour analyse une critique intéressante : LE TEXIER Thibault, *Histoire d'un mensonge : Enquête sur l'expérience de Stanford*, Paris, Zones, avril 2018, 296 p.

D. Les grandes croyances

Il existe autant de croyances que de mouvements sectaires avec des reprises et inventions permanentes. La croyance, ne se justifiant que par elle-même, est nécessairement plurielle. Toutefois, un certain nombre d'idées apparaissent de manière presque systématique[31]. Il convient de les comprendre pour pouvoir les identifier. Si les différents thèmes de croyance ne permettent pas en eux-mêmes de caractériser une dérive sectaire – comme discuté, la dérive vient de l'abus et non de la croyance en elle-même – ils tournent généralement autour de l'adepte « être naturel et sacré », originellement « pur », qui doit recevoir le discours secret et normalement inaccessible d'un guide. Cette syntaxe des croyances découle en réalité de mécanismes psychologiques sous-jacents : pour assurer la mise en œuvre de l'emprise, certains discours sont plus adéquats.

L'adepte « temple sacré »

Le discours sectaire part souvent d'une série de propositions sur l'adepte présenté comme un être supérieur pouvant accéder à un possible salut. Ce salut vient de sa capacité à retourner à sa pureté initiale et donc à reconstituer sa perfection naturelle que des agents extérieurs avaient atteinte.

Parmi les thématiques récurrentes se trouve une série de propositions qui cherchent à nier le concept de maladie ou de souffrance psychique. L'être humain, fruit de la nature, est naturellement bon et sain. S'il souffre, c'est qu'il a subi un

---

[31] On peut conjecturer un triple facteur. D'abord, reprendre des croyances déjà existantes permet d'asseoir son discours sectaire dans un discours social familier et donc, plus facilement admissible par les adeptes. Ensuite, le mécanisme de l'emprise suppose de valider dans le discours un certain nombre d'éléments cohérents avec le processus d'embrigadement. Enfin, certaines croyances se fondent sur des angoisses qui parcourent la vie d'un individu : angoisse sociale, difficulté à trouver sa place, recherche d'une vie qui ait un sens…

parasitisme : par des envoûtements, par des traumatismes infantiles ou, plus généralement, par une société qui le corrompt. La solution à la souffrance se trouve dans la personne et sa capacité à se libérer des liens qui l'entravent. Derrière tout malheur se cache un agent externe qui le cause et qui peut être écarté. Cette négation de la maladie et de la souffrance est quasi systématique : elle permet au groupe de prendre le contrôle de la guérison, qui se passe du système médical, car sa vraie source est spirituelle.

Ce principe que l'être humain serait naturellement libre de toute affliction se trouve dans des mouvements se greffant à la religion catholique qui voit dans l'homme, fait à l'image de Dieu, une source de perfection immune à la maladie. Cette dernière ne le souille que comme l'action du Malin et donc du péché, c'est la faiblesse de l'homme qui explique sa souffrance. Dans les courants davantage *new age*, le système vibratoire de l'individu connecté à la nature-mère le protège. La maladie serait la preuve d'une rupture quantique causée par un agent extérieur : l'homme, à l'image de la nature, est parfait et ne connaît d'imperfection sans cause externe.

La même idée s'exprime de différentes manières. Elle articule toujours l'affirmation que toute souffrance relève d'un pouvoir étranger qu'il est possible d'éliminer en retrouvant une certaine pureté spirituelle.

La quête d'élitisme

L'adepte ou le groupe est généralement sélectionné. Il participe d'une élite. Par une connaissance particulière, par un éveil particulier, il développe une force unique. Le groupement révèle à l'initié sa puissance et lui permet de la développer ainsi que les pouvoirs qui vont avec : capacité à parler à Dieu, pouvoir du féminin sacré… Par cette émancipation, il échappe à la condition humaine.

L'octroi de cette connaissance assure le salut. Elle nourrit une quête d'élitisme et permet de donner à l'adepte l'impression d'un contrôle sur ses angoisses existentielles.

Toutefois, elle a un prix : laisser derrière soi les causes, origines du mal (famille, amis…) et suppose de respecter la discipline du culte.

Les croyances répondent toujours à une demande de l'initié et elles sont symptomatiques d'une époque. Dans nos sociétés basées sur la liberté individuelle et l'exigence de réussite dans un monde complexe, l'élitisme permet de donner un sentiment de réussite et d'appartenance à des personnes qui peuvent connaître une perte d'estime personnelle. Tout le monde veut être spécial. Personne ne cherche la souffrance.

Le maître détenteur de la connaissance

Le temple réel est le corps, où l'esprit de l'adepte, par un savoir, se purifie. Ce savoir puise sa source d'une révélation obtenue par un maître unique, seul détenteur du vrai, qui protège d'un monde extérieur destructeur.

D'où vient le savoir du gourou ? D'une source mystique qui n'est accessible qu'à lui seul. Cette source provient de maîtres intérieurs, d'une révélation ou d'un enseignement reçu. Il s'agit d'un canal particulier de transmission obtenue d'un maître inaccessible. La compréhension doit être unique et inégalable. Elle ne peut être contestée.

Cette série de croyances a comme grammaire celle de l'unicité de la source et son octroi spécifique à une personne. La présence de rêves lucides, de connexions avec des anges, des esprits, pour sa révélation, est fréquente. Ce savoir peut aussi résulter de pratiques ancestrales enseignées par un maître disparu.

La seule vérité appartient au gourou. Elle est inégalable car toute possible transmission signifierait une compétition avec l'autorité du gourou – tabou absolu. Elle cimente le pouvoir personnel du chef.

La phobie du dehors

Une phobie du dehors fortifie l'emprise sectaire. Tout ce qui est hors du discours sectaire, tout ce qui déstabilise la domination du gourou relève du diabolique. Un discours négatif sur l'extérieur instille une peur panique chez l'adepte et cimente son isolement. Le monde en général, mais aussi les institutions, les représentants de la science et du savoir font l'objet d'une attaque idéologique incessante. L'usage de la calomnie et une haine aigüe contre les anciens membres favorisent un ostracisme et évitent les éléments déstabilisateurs. Cette paranoïa vise aussi le cercle proche de l'adepte pour le forcer à rompre tout lien affectif avec un monde hors secte.

Un mur de peur est érigé contre l'extérieur. Ce n'est pas neutre quand on veut approcher un adepte. Le blocage psychologique à réarmer son esprit critique trouve sa source constante dans une montagne de préjugés contre la main tendue qui pourrait lui venir en aide. Dépasser la phobie est le premier pont vers la sortie. Certains adeptes témoignent ne plus croire sans pour autant sortir en raison de l'angoisse de l'autre. L'enclosure sectaire est par essence une ségrégation du collectif par une contestation des valeurs au socle du pacte républicain.

E. Quelques fausses idées

Des groupements sectaires ont produit un contre-discours pour se justifier. Il apparaît souvent dans les débats. Quels sont ces arguments pernicieux ?

Tout est manipulation

Argument : Les techniques de manipulation sont courantes et omniprésentes ; personne ne prétend que les magasins d'électroménagers mettent sous emprise leurs clients, quand bien même ils utilisent des techniques de vente manipulatrices. Dès lors, il n'y a pas d'emprise mentale ou de sujétion psychologique d'une nature différente dans les groupements injustement accusés de sectarisme.

Réponse : Il y a bien évidemment une différence de nature dans la technique de manipulation commerciale et la sujétion psychologique : cette dernière suppose un rapport de pouvoir psychologique qui dure et confère à l'un de ses tenants un ascendant démesuré sur l'autre. Cet ascendant n'est pas en soi réprimé : il est le sous-jacent de beaucoup de relations (avec un psychothérapeute, une figure d'autorité…) ; ce à quoi renvoie la dérive sectaire est son détournement au profit de fins personnelles de l'un au détriment de l'autre.

Une police de la pensée

Argument : La Miviludes serait une police de la pensée. En effet, la liberté de culte assure un droit aux fondateurs de culte d'agir librement et il n'est pas possible qu'il y ait des victimes, celles-ci n'étant que dans leur libre exercice de la liberté de croire. S'il y a un lavage de cerveau, ce sont bien les antisectes qui le causent.

Réponse : Les croyances sont sans rapport avec la dérive sectaire. La Miviludes ne valide et ne récuse aucune croyance. Elle est soucieuse de groupements qui aliènent ses membres et leur causent des abus. La question n'est pas une différence sur les croyances intouchables, mais sur ce qui est fait aux adeptes sous couvert desdites croyances. Par ailleurs, la liberté de religion vient avec la possibilité de changer de foi, ce qui suppose un débat et une pluralité. Les groupes sectaires ne sont que rarement enclins à ce pluralisme, car la relation est construite sur une soumission personnelle au gourou. Ce pouvoir peut prendre les guises d'un culte, mais, en réalité, il n'y a rien de religieux à son sujet.

Les supposées victimes sont des personnes déçues

Argument : Les supposées victimes de secte ne sont que des personnes déçues. Elles ne représentent qu'un groupe minoritaire de frustrés quand la majorité des membres du culte sont parfaitement heureux dans leur adhésion au groupement. En réalité, ces victimes ne cherchent qu'à ébranler les croyances des adeptes et leur causent un abus spirituel.

Réponse : L'adepte n'est pas victime. Il ne le devient que quand il découvre avoir subi des préjudices. Ces derniers sont réels et concrets et font l'objet de condamnations pénales. La sujétion psychologique empêche tout retour critique et introspection sur le vécu. L'adepte devient d'abord ex-adepte puis, le cas échéant, victime. Cette dernière catégorie est juridiquement très claire.

II. LA SUJÉTION PSYCHOLOGIQUE

La loi About-Picard a introduit en droit français une infraction d'abus frauduleux de l'état de sujétion psychologique, profondément revue par la loi du 10 mai 2024 qui, sans modifier le fond de l'infraction, apporte des précisions appréciables. L'infraction a gagné en maturité et la jurisprudence a pu en dessiner les contours.

Avant, la loi n'ignorait pas totalement la question d'une délinquance religieuse avec l'article 31 de la loi de 1905 qui sanctionne « ceux qui, soit par menaces contre un individu, soit en lui faisant craindre de perdre son emploi ou d'exposer à un dommage sa personne, sa famille ou sa fortune, ont agi en vue de le déterminer à exercer ou à s'abstenir d'exercer un culte, à faire partie ou à cesser de faire partie d'une association cultuelle, à contribuer ou à s'abstenir de contribuer aux frais d'un culte ». Toutefois, cette infraction, par sa généralité, ne permet pas de cerner précisément le phénomène sectaire, ce qu'a corrigé la loi About-Picard.

A. L'article L. 223-15-2 (ancien) du Code pénal

L'abus frauduleux est cardinal dans la lutte contre les dérives sectaires, car il est le seul à prendre en compte la notion de sujétion psychologique. Il convient de reprendre la loi pour en faire une lecture précise, mais également de voir en négatif ce qu'elle ne demande pas.

Définition de l'abus frauduleux

L'abus frauduleux est l'infraction de la dérive sectaire, notamment avec la modification apportée par la loi About-Picard. Revu par la loi du 12 juin 2001, l'article L. 223-15-2 du Code pénal prévoyait, jusqu'au 10 mai 2024, qu'« est puni de trois ans d'emprisonnement et de 375 000 euros d'amende l'abus frauduleux » d'un état de faiblesse physique ou psychologique incluant l'hypothèse d'« une personne en état de sujétion psychologique ».

Il ressort de la pratique que ce texte est souvent mal appliqué ou mal compris par les services d'enquête ou les formations de jugement. La partie applicable à l'emprise mentale est « l'abus frauduleux de l'état d'ignorance ou de la situation de faiblesse [...] d'une personne en état de sujétion psychologique ou physique résultant de l'exercice de pressions graves ou réitérées ou de techniques propres à altérer son jugement ». Si en elle-même, cette formulation n'est pas intrinsèquement mauvaise, elle se heurte à une ambiguïté : elle semblait lier l'abus frauduleux à l'état d'ignorance ou de faiblesse de la victime. Certains y voyaient donc une simple variante de l'abus frauduleux constitué par la sujétion psychologique. Cette appréciation péchait par un manque de clarté et par une certaine hésitation des juridictions dans la catégorisation des éléments matériels du délit. La loi de 2024 viendra corriger cela en retirant la référence à la faiblesse pour bien recentrer le délit sur la notion cardinale de l'abus frauduleux.

Absence de vulnérabilité préalable

Longtemps, une méprise fit penser que l'abus frauduleux de la sujétion psychologique relevait de l'abus frauduleux d'une faiblesse. Des juridictions demandaient que soit prouvé en outre de la sujétion psychologique un état de vulnérabilité. Autrement dit, la « situation de faiblesse » était comprise comme indépendante de la seconde partie « d'une personne en état de sujétion psychologique ».

Dans le cadre d'une emprise mentale, c'est bel et bien l'état de sujétion psychologique de l'adepte à l'idéologie du culte qui constitue la « situation de faiblesse ». À partir du moment où une personne est prise dans un culte, sa capacité à agir selon son libre arbitre est intrinsèquement obérée. La personne opère selon le référentiel délirant en vigueur dans l'organisation. L'état de faiblesse résulte de la suppression de la capacité à consentir librement de l'adepte. Il est d'ailleurs impropre de parler d'un abus de faiblesse en matière sectaire, il convient de parler « d'abus frauduleux ».

D'un point de vue sociologique, les sectes s'intéressent d'abord à des jeunes éduqués. De la même manière, les mouvances de radicalisation islamiste ne sont pas forcément liées à une vulnérabilité particulière. C'est l'adhésion progressive du jeune à la vérité fournie par un recruteur, formé à endoctriner, qui génère l'état de sujétion et la faiblesse.

En réalité, à partir du moment où un individu a débuté son adhésion à une mouvance sectaire – changement de comportement, du cercle de sociabilité, de croyances – il est dans une situation de faiblesse. Car, à ce moment-là, son système de décision interne se fonde presque exclusivement sur le cadre de référence proposé par le groupe pris en la personne du recruteur ou du gourou.

Requérir une vulnérabilité préalable omet complètement la réalité que les sectes, le complotisme ou la radicalisation religieuse touchent le plus souvent des personnes en parfaite santé physique et mentale qui tombent sous le coup de l'attrait de croyances portées par des recruteurs particulièrement habiles.

L'apparence de consentement

La demande d'une vulnérabilité préalable puise sa source dans une autre erreur d'appréhension fréquente : celle de l'apparence de consentement de la victime. Quand, contactée par un service d'enquête, une assistante sociale ou, lors de son jugement, la personne en cours de recrutement ou recrutée, ou même la victime abusée, dit que tout allait bien, qu'elle était parfaitement volontaire, un psychiatre confirmera la plupart du temps la capacité de l'individu à exprimer son consentement sans psychopathologie évidente. Les dérives complotistes actuelles ou le djihadisme le montrent clairement : l'adhésion au système délirant du groupement sectaire se fait par un individu doué de raison et consentant. Pour qu'une personne prenne conscience que le système de valeurs et de représentations de la secte est faux, un travail important doit être réalisé. Une personne sous emprise n'a aucun accès à son libre arbitre pour comprendre qu'elle est victime, car depuis le cadre de référence culturel de la secte (qui supplante le cadre socialement admis) elle a agi pour son propre bien ; c'est au contraire l'extérieur qui l'agresse. C'est bien là toute la difficulté de la lutte contre la dérive sectaire : le jeune radicalisé qui part faire son djihad en Syrie, le père de famille qui quitte tout pour rejoindre une communauté esseulée pour échapper à la 5G ou entre dans une Église pour échapper à la damnation, le fait en toute connaissance de cause. Tout dans sa démarche est rationnel, sauf le présupposé de départ, l'axiome originel de sa vérité intérieure, qui est un précepte de la foi du culte. L'emprise mentale est d'abord une influence souterraine qui constitue en elle-même la situation de faiblesse.

Le groupement

L'alinéa 2 aggrave la peine pour le dirigeant de droit ou de fait d'un groupement. Que signifie cette notion de « groupement » ? Le terme est d'abord une notion sociologique avant d'être une notion juridique et encore, le

Code pénal ne lui donne pas une consistance précise. L'infraction ne vise pas la bande organisée qui, elle, est bien connue (cette notion apparaîtra avec la loi LOPMI et la loi du 10 mai 2024). Le groupement signifie-t-il plus d'une victime ? la mise en place d'une organisation ? d'un mouvement ? La jurisprudence est encore sèche à ce sujet.

B. Les nouvelles infractions de la loi du 10 mai 2024

La loi du 10 mai 2024 modifie partiellement le droit positif. Elle le complète sans pour autant le remettre en cause. Si bien que la jurisprudence antérieure est toujours pertinente pour comprendre l'état du droit. Par ailleurs, les règles d'application du droit dans le temps font que les nouvelles infractions ne valent que pour des faits postérieurs à leur entrée en vigueur, les faits antérieurs restent sous l'emprise de la loi en vigueur à la date de leur commission.

La nouvelle loi reprend l'incrimination de l'abus frauduleux pour la sortir de l'article 223-15-2 du Code pénal et pour la localiser dans un nouvel article indépendant 223-15-3 alinéa 2. En outre, elle crée une nouvelle infraction de sujétion psychologique en 223-15-3 alinéa 1.

Placer et maintenir en sujétion psychologique (al. 1)

L'apport principal de la loi du 10 mai 2024 est de créer une infraction autonome de sujétion psychologique définie en ces termes : « le fait de placer ou de maintenir une personne dans un état de sujétion psychologique ou physique résultant de l'exercice de pressions graves ou réitérées ou de techniques propres à altérer son jugement et ayant pour effet de causer une altération grave de sa santé physique ou mentale ou de conduire cette personne à un acte ou à une abstention qui lui sont gravement préjudiciables. »

La peine est de trois ans d'emprisonnement et de 375 000 euros d'amende avec des circonstances aggravantes.

Cette infraction autonome est utile par rapport à l'abus frauduleux car elle simplifie la preuve : il convient de démontrer (1.) une sujétion psychologique ou physique (par exemple dans un lieu de vie), (2.) des techniques propres à altérer le jugement ou des pressions graves ou réitérées, (3.) une dégradation de la santé physique ou mentale ou un acte ou une abstention gravement préjudiciable.

La charge probatoire est donc moins lourde que dans l'ancien abus frauduleux même si on comprend bien que la jurisprudence antérieure demeure cohérente et exploitable. La loi s'attache aussi à toujours prévoir un critère plus subjectif (sujétion psychologique) et un critère plus objectif (sujétion physique). Cela facilitera nettement le travail des agents enquêteurs et leur capacité à comprendre les situations particulières auxquelles ils devront faire face.

L'abus frauduleux par sujétion psychologique (al. 2)

L'article L. 223-15-3 du Code pénal alinéa 2 dispose qu'est puni de trois ans d'emprisonnement et de 375 000 euros d'amende le fait « d'abuser frauduleusement de l'état de sujétion psychologique ou physique d'une personne résultant de l'exercice des pressions ou des techniques mentionnées au premier alinéa du présent I pour la conduire à un acte ou à une abstention qui lui sont gravement préjudiciables ». Les faits réprimés sont donc les mêmes que sous l'empire de l'article L. 223-15-2 ancien. Toutefois, cette nouvelle formulation présente l'avantage de rendre beaucoup plus clair le contenu de l'infraction qui causait beaucoup de confusion en juridiction. Elle exclut l'idée d'un abus qui se grefferait à une faiblesse préexistante. C'est bien l'idée d'abuser de la relation psychologique de sujétion qui est affirmée.

Il faut donc comprendre qu'à partir du moment où une relation de sujétion psychologique se met en place, par exemple dans le cadre d'un rapport transférentiel avec un thérapeute, en raison d'un embrigadement, la personne du côté fort de la relation, celle qui peut influencer, a l'interdiction d'en abuser en causant du tort à la personne sous influence.

On peut se demander l'utilité d'avoir maintenu cet article quand l'alinéa 1 aurait pu suffire à assurer la répréhension des infractions. Un argument militait en faveur d'un maintien d'une infraction de l'abus frauduleux de l'état de sujétion : assurer la pérennité du droit en vigueur et notamment des jurisprudences durement acquises et éviter de déstabiliser les procédures en cours. En effet, une loi pénale ne vaut que pour le futur, donc la nouvelle infraction ne peut valoir pour des faits passés, cependant l'abrogation d'une incrimination vaut de manière rétroactive. Il y aurait eu un effet d'aubaine à cette suppression. Cependant, il est fort probable qu'avec le temps, l'alinéa 1 supplante l'alinéa 2.

Les circonstances aggravantes de l'article L. 223-15-3

La loi du 10 mai 2024 reprend et ajoute aux circonstances aggravantes de l'article L. 223-15-2. Les peines sont aggravées à 5 ans d'emprisonnement et 750 000 euros d'amende lorsque les faits sont commis sur un mineur, une personne en état de faiblesse (âge, maladie, infirmité, déficience physique ou psychique, grossesse) si l'état est apparent ou connu de l'auteur et enfin, lorsque l'infraction est commise par le dirigeant de fait ou de droit d'un groupement sectaire.

Les peines sont aggravées à 7 ans d'emprisonnement et 1 million d'euros d'amende lorsque les faits sont commis dans au moins deux des circonstances vues à l'alinéa précédent et lorsque l'infraction est commise en bande organisée.

La notion de bande organisée est définie à l'article L. 132-71 du Code pénal qui dispose que : « Constitue une bande organisée tout groupement formé ou toute entente établie en vue de la préparation, caractérisée par un ou plusieurs faits matériels d'une ou de plusieurs infractions. » À la première lecture de la nouvelle loi, il faut reconnaître que la différence entre la situation aggravante du dirigeant d'un groupement de fait ou de droit et de bande organisée n'est pas claire.

En réalité, dans des groupements de large taille, de type communauté de vie avec des enfants et une organisation dirigée par une personne ou plusieurs, les circonstances aggravantes seront caractérisées. Il s'agit donc d'infractions aux sanctions qui se sont largement alourdies.

Les peines complémentaires de l'article L. 223-15-4

L'article L. 223-15-4 du Code pénal prévoit une série de peines complémentaires pour les personnes physiques coupables, dont la suppression des droits civiques, de l'exercice d'une fonction publique ou une activité professionnelle ou sociale en lien avec l'infraction, la fermeture des établissements, la confiscation de la chose ayant servi à l'infraction, l'interdiction de séjour sur le territoire, l'interdiction (pour une durée de 5 ans au plus) d'émettre des chèques et l'affichage de la décision.

La confiscation de la chose ayant servi à commettre l'infraction vise entre autres pour les communautés de vie le bien immeuble où logeaient les adeptes. La notion de chose est très large et s'oppose simplement en droit civil aux personnes sans pour autant faire l'objet d'une définition législative très claire. De telles confiscations ont un intérêt majeur pour l'indemnisation des victimes.

L'aspect patrimonial des affaires prend de l'ampleur avec une volonté affichée des forces de l'ordre de récupérer les biens détournés, notamment les comptes bancaires, les biens immeubles, les véhicules, etc.

C. La circonstance aggravante de sujétion psychologique

Une des innovations majeures de la loi du 10 mai 2024 est de créer une nouvelle circonstance aggravante à une série d'infractions si elles sont commises dans le cadre d'une sujétion psychologique, dont les infractions de meurtre, de violence, d'actes de torture et de barbarie, d'escroquerie, et de pressions vers une thérapie de conversion.

L'existence de ces circonstances aggravantes est importante pour pouvoir attaquer les dossiers, par exemple, sous l'angle de l'escroquerie, infraction bien maîtrisée par les services enquêteurs, et l'étendre à la sujétion psychologique plus neuve et inquiétante en raison de son aspect psychologique[32].

On peut toutefois regretter la non-aggravation des infractions sexuelles comme l'agression ou le viol du fait d'une sujétion psychologique.

D. La jurisprudence

La jurisprudence s'est d'abord saisie de l'abus frauduleux pour condamner des pratiques commerciales prédatrices sur des personnes âgées ; elle l'a aussi utilisé dans le cadre de dérives sectaires. Pour caractériser le délit, il faut prouver d'une part l'emprise, et d'autre part l'existence d'un préjudice grave, généralement de nature sexuelle ou financière. Ainsi ont été condamnés : une association islamiste soutirant de l'argent à une jeune femme récemment convertie à un islam radical salafiste[33] ; une prêtresse vaudou qui, lors de séances de transe collective, récoltait des offrandes[34] ; un conseiller spirituel évangéliste qui, mêlant violence verbale et emprise mentale, soudoyait de l'argent à ses victimes[35] ; un pseudo-thérapeute, guide spirituel, qui, par une thérapie perpétuelle, récoltait faveurs sexuelles et honoraires[36] ; ou encore, une conseillère de la Poste qui, procurant un confort émotionnel

---

32 Le législateur a craint d'avaler dans la sujétion psychologique les violences intrafamiliales et de manière générale les violences sexuelles faites aux femmes et a souhaité maintenir un régime juridique bien distinct.

33 Cour de cassation, chambre criminelle 10 janvier 2018, nº 17-83.932.

34 Cour de cassation, chambre criminelle, 5 novembre 2019, nº 18-84.554.

35 Cour de cassation, chambre criminelle, 27 octobre 2015, nº 14-82.032.

36 Cour de cassation, chambre criminelle, 26 octobre 2016, nº 15-85.956.

étouffant et exclusif à une veuve, avait obtenu d'être incluse dans son testament[37]. Dans ces différents arrêts, la Cour prend toujours soin de bien caractériser un système d'emprise : ce n'est pas la simple croyance qui compte, mais les stratagèmes intéressés du mis en cause. Le juge est toujours très méticuleux dans sa caractérisation d'un système d'emprise mentale ; il identifie la répétition construite de comportements aliénants au détriment de la victime.

La jurisprudence reprend la nécessité de prouver trois éléments pour l'abus frauduleux simple et un quatrième dans l'hypothèse de la culpabilité du dirigeant d'un groupement :

– l'existence d'une sujétion psychologique ou physique des victimes ;

– résultant de pressions graves ou réitérées ou de la mise en œuvre de techniques propres à altérer le jugement de la personne concernée ;

– des faits commis dans le but de conduire à un acte ou une abstention gravement préjudiciable ;

– pour le dirigeant que le groupement poursuit par ses activités et a pour effet de créer, de maintenir ou d'exploiter une sujétion psychologique ou physique, des personnes qui participent à ses activités.

L'existence d'une sujétion psychologique ou physique de victimes

L'existence d'une sujétion psychologique se prouve par l'expertise psychologique des différentes parties civiles, mais aussi de la personnalité du gourou. Les critères du professeur Parquet (voir *supra*) sont généralement repris. La sujétion provient de la croyance introjetée dans le discours de vérité du gourou et du contrôle qu'il exerce sur les membres du groupement. Malheureusement, les jugements ont tendance à noyer l'existence de cet état de sujétion dans la présence en outre de vulnérabilités préalables. Effectivement, la présence

---

[37] Cour d'appel, Nîmes, chambre correctionnelle, 4 octobre 2013, nº 13/00724.

de faiblesses antérieures et d'éléments de passés chaotiques permet de renforcer l'argument pénal, mais il ne peut pas s'agir d'un élément de caractérisation de l'infraction.

De manière intéressante, la Cour d'appel de Caen[38] montre l'existence de plusieurs niveaux de soumission que l'on retrouve assez classiquement :

1./ une soumission financière qui prend la forme de donation et de la remise d'éléments financiers à la demande du gourou ;

2./ une soumission dans le cadre de la vie quotidienne avec le contrôle des activités et des décisions des membres du groupement ;

3./ une soumission par le travail en demandant en permanence de réaliser des tâches non rémunérées au bénéfice du groupe ou de son dirigeant ;

4./ une soumission par l'enseignement religieux ou pseudo-religieux qui oblige à accepter un credo de vérité.

On peut ajouter :

5./ une soumission médicale en obligeant les membres du groupement à suivre les prescriptions thérapeutiques du groupement.

Ces différents éléments permettent, en outre d'une expertise psychologique généralement non disponible au moment de la plainte d'origine, de caractériser avec une certaine objectivité la sujétion.

Pressions graves ou réitérées ou mise en œuvre de techniques propres à altérer le jugement de la personne concernée

Les juridictions pénales suivent généralement l'approche classique consistant à retracer les différentes phases de l'endoctrinement vues plus haut : la séduction, la déstructuration des croyances et la reconstruction.

---

38 Cour d'appel de Caen, chambre des appels correctionnels, arrêt du 16 octobre 2013, nº 13/00245.

La jurisprudence nous donne plusieurs exemples du processus d'endoctrinement :

Tribunal de grande instance de Paris, 13e chambre correctionnelle, jugement du 23 mai 2017 :
« De l'ensemble des éléments du dossier, il résulte que la culpabilité de Marie-Catherine Phanekam est parfaitement établie malgré les dénégations de celle-ci. La concordance de nombreux témoignages des victimes, des proches des plaignants et plaintes des membres de leur famille ou amis voire collègues de travail, permet de comprendre les mécanismes de sujétion mis en place par madame Marie-Catherine Phanekam pour parvenir à ses fins premières : la captation de sommes d'argent ou de biens divers. En fonction d'un terrain favorable ou non, de la perception rapide qu'elle avait des failles de ses patients, de leur fragilité ou de leur capacité de résistance, elle mettait plus ou moins rapidement en œuvre un scénario conduisant les futures victimes à s'en remettre totalement à leur kinésithérapeute devenue leur thérapeute, sans que celle-ci ait la compétence pour cela et le statut professionnel pour le faire. Ce qui ressort nettement des témoignages des victimes, c'est la totale confiance, quasiment la "foi", qu'elles ont placée très rapidement en cette femme, cette professionnelle du corps qui s'est muée en grande et subtile manipulatrice de leur esprit. Elle a ajouté de la faiblesse à une faiblesse préexistante dont elle percevait les signes et dont, devant le juge d'instruction, elle avait admis avoir perçu leur fragilité, mais aussi leur exigence à son endroit. De cet état de fragilité psychologique, elle a fait jaillir des souvenirs sans fondement, sans réalité, des souvenirs induits, mais qui ouvraient les yeux des patientes, parfois des patients, sur l'origine de leur mal-être, en l'espèce le fait d'avoir été victime de violences sexuelles, de ne pas avoir été des êtres désirés, aimés et protégés. À partir de cette découverte qu'elle insinuait subtilement, de cette

maïeutique pervertie, car sans lien avec la kinésithérapie, elle touchait le plus intime de la personne, mais surtout elle faisait s'enclencher un processus de séparations plurielles : séparation avec les proches, d'abord le père et la mère accusés d'agressions sexuelles et de perversité pour le premier, de complicité silencieuse pour la seconde, à la clef la réalisation de procès, séparation d'avec l'époux ou l'épouse, la compagne ou le compagnon parfois avec l'enfant du couple, puis séparation avec les frères et sœurs avec les amis puis avec les collègues. Finalement, il ne restait qu'une alternative : celle consistant à trouver une guérison au sein d'un groupe constitué de personnes se ressemblant de par leur fragilité et se ressemblant le cas échéant pour venir défendre, au prix parfois de mensonges avérés, la thérapeute si exigeante et vénale qui n'était bien sûr pas perçue comme telle à ce moment-là. Le groupe constitué autour de sa personne était un groupe au sein duquel chacun finissait par jalouser l'autre et devenait le parfait membre d'une sorte de "tribunal" venant réprimander vertement celui qui sortait du chemin ou plus directement, ne défendait pas suffisamment la thérapeute mise en cause par des parents alarmés. »

Le jugement montre très efficacement les mécanismes de l'emprise avec d'abord une séduction. En prétendant pouvoir apporter une solution à un mal-être psychique, la gourelle se présente comme seule capable de soulager le trouble qu'elle a su identifier – alors que personne d'autre ne le peut – car ce trouble n'est pas lié à la victime (parfaite), mais à son passé et aux abus externes qu'elle a subis. Puis la mise en place de techniques de déplacement de l'état de conscience permet d'induire de faux souvenirs qui aliènent totalement la famille. La déstructuration a eu lieu avec l'explosion du cadre normal de référence. Ensuite viennent le soin et l'intégration dans un groupe assurant la thérapie et le contrôle : il y a restructuration.

On retrouve la description de cette séduction qui est opérée auprès des victimes dans un autre arrêt :

Cour d'appel de Limoges, 4 juin 2013, 11/01486 :
« Ces techniques ont relevé de procédés de séduction destinés à permettre au prévenu d'être admis comme ami et consultant exclusif d'une famille protestante de l'aristocratie terrienne bordelaise ; de tels procédés de séduction ont été utilisés avec succès auprès de la plupart des parties civiles ; pour quelques autres personnes, ces techniques ont relevé de pouvoirs de persuasion à partir de faits objectifs, parfois insignifiants qu'il a utilisés au soutien de la crédibilité de ses dires ; elles ont ensuite consisté en des méthodes destinées à convaincre les membres de la famille de l'existence de dangers actifs que lui seul pouvait écarter ; pour asseoir son emprise, M. [W] a fait en sorte d'exclure les personnes qui, dans l'entourage familial ou proche, n'adhéraient pas à son discours et risquaient ainsi d'influencer ceux qui étaient acquis à sa cause ; une fois ces personnes écartées, M. [W] a fait en sorte d'isoler le noyau familial [...] par l'instauration d'une sorte de huis clos volontaire ; il est parvenu à maintenir sur la durée cet état de sujétion psychologique en jouant sur les rancœurs et les jalousies qui avaient cours au sein de la famille et dont il avait su préalablement s'informer, et en instaurant des différences de traitements de manière à s'attacher les uns et rejeter les autres, par l'élaboration d'un système évolutif de brimades et de gratifications où les intéressés se voyaient, au gré des humeurs de M. [W], protégés par ce dernier, bannis du reste de la collectivité ou rentrés en grâce, sans jamais pour autant remettre en cause la permanence d'un groupe dont la majorité demeurait acquise au prévenu. »

Le jugement indique bien la mise en place d'un danger extérieur : cela permet d'instaurer une réaction phobique et une anxiété généralisée vers l'extérieur. L'offre de solution est l'acte de séduction : la main secourable, de manière désintéressée, dans un monde en effondrement. De manière plus générale, c'est vers une conception de la relation de « transfert » telle que comprise dans la doctrine psychologique que se situe la séduction[39]. On retrouve souvent la notion de dépendance affective et sexuelle. En mettant en place une dépendance utilisée comme le levier d'un chantage à l'affection ou par la promesse d'un futur possible[40], ou simplement en moyennant des relations sexuelles, le gourou assoit l'assujettissement par l'exploitation de cette relation psychologique particulière. Il y a souvent une offre thérapeutique qui exploite un manque identifié par le gourou, généralement lors de sessions de confession. La relation de

---

39 Cour de cassation, chambre criminelle, 27 octobre 2015, 14-82.032 : « qu'en revanche si le prévenu conteste toute relation sexuelle avec M. Y., il a admis au cours de l'expertise psychiatrique du docteur H., "que celui-ci était dans la déclaration d'amour, c'est une forme de transfert", ce qui revient à admettre une forme de domination et de sujétion. »

40 Cour de cassation, chambre criminelle, 18 décembre 2012, 12-81268 : « surtout, l'enquête a révélé qu'une véritable pression affective s'était exercée sur Mme Y. ; qu'en dépit d'une relation qu'il savait fragile et qui s'est avérée très courte, M. X. a laissé espérer à son amie un avenir commun et la constitution d'un couple durable, voire d'une famille ; que son implication dans le projet de fécondation in vitro en atteste ; que, de fait, Mme Y. s'est engagée pour des sommes sans commune mesure avec ses revenus et ses possibilités de remboursement. » Également : Cour de cassation, chambre criminelle, 6 février 2008, 07-80572 : « qu'ainsi, la grande sollicitude des époux Y. l'a incontestablement placé en état de dépendance affective [...] ; que ce contexte a incontestablement induit, même en l'absence de pathologie mentale avérée, une situation de particulière vulnérabilité ayant permis aux deux prévenus d'obtenir un testament et une donation en leur faveur, ainsi que le règlement de la totalité des frais y afférents. » Également : Cour de cassation, chambre criminelle, 29 avril 2014, 12-87650 : « qu'elle a repérée puis exploitée en amplifiant celle-ci pour la transformer à son avantage en dépendance psychologique de cet homme à son égard en lui promettant ou en lui laissant entrevoir ce qu'il demandait, à savoir d'accepter un jour de faire l'amour avec lui, ce dont il avait été privé durant les onze dernières années passées avec sa femme, compte tenu de la maladie de celle-ci et de son refus. »

confiance se constitue dans la capacité prêtée à la personne de pouvoir répondre à la détresse, à la vulnérabilité interne, quitte à ce que cela passe par des incantations magiques.

L'instauration obligatoire d'un système de confession permet au gourou d'exploiter les vulnérabilités de l'adepte. Cela peut prendre la forme de la tenue de séances de psychothérapie permettant de recueillir les expériences intimes des individus et de les exploiter pour trouver les failles et mettre en place un système de contraintes, notamment en révélant en public ce qui a été dit dans le secret de l'analyse :

> Cour de cassation, chambre criminelle, 26 octobre 2016, 15-85.956 :
> « Qu'il en est ainsi de la vulnérabilité des victimes, parties civiles, résultat de leur état de sujétion psychologique ; que si, à l'exception de M. [T] [G], qui avait certes une habitude de la prise en charge psychique en lien avec un trouble névrotique ancien, elles avaient une formation voire une expérience professionnelle en psychopathologue, force est de constater, au travers des expertises, qu'elles présentaient, en raison de leur histoire personnelle, une fragilité et un manque de confiance générant une recherche d'aide, de reconnaissance, de sécurité et même d'affection qui les ont conduites à adhérer aux préceptes de M. [C] qui avait les compétences pour déceler leur vulnérabilité et leurs failles et qui a progressivement et insidieusement recouru à des techniques propres à altérer leur jugement ; qu'il a en effet détruit leurs liens familiaux jugés pathogènes, instillant le doute sur leur vie sentimentale, conjugale et sexuelle, se substituant aux parents dans l'éducation particulièrement stricte des enfants et a pratiqué la division ; qu'il a imposé un rythme de vie ne permettant aucun loisir personnel et engendrant un épuisement physique, toute recherche d'intimité provoquant la désapprobation du groupe ; qu'en violation de la neutralité de l'analysant, il a révélé aux membres du

groupe et au travers de séances de supervision, les confidences reçues de ses patients, favorisant la délation et une omerta de fait tant à l'intérieur du groupe que vis-à-vis de l'extérieur, d'autant qu'aucune contradiction n'était admise sous peine de remises en place sévères et le plus souvent publiques et de violences notamment vis-à-vis des femmes ; qu'il a eu recours à des menaces dont celle de rompre le lien mère/enfant envers ceux qui manifestaient des velléités de se soustraire à son emprise psychique en quittant la communauté ; qu'à l'analyse il a mélangé les relations sexuelles avec les patients et les rapports d'argent ce qui lui conférait un moyen de pression supplémentaire d'autant qu'au travers des sermons religieux qu'il faisait, il accédait au plus profond de leur pensée et pouvait les faire culpabiliser ; que profitant de son charisme, il a fait un usage malveillant de la force du lien transférentiel en instaurant ainsi que l'a justement relevé une partie civile, un principe d'analyse quasi perpétuelle obligatoire et donc contraire à toute idée de liberté sous-tendant normalement une telle démarche avec en outre dévalorisation de ceux qui voulaient arrêter ; qu'il a, par ailleurs, institué la cohabitation de l'analysant et des patients et a décidé de la norme au lieu de s'en tenir à son rôle d'écoute ce qui a induit une prise en charge des membres du groupe à tous les niveaux de leur vie ; que ce système d'enfermement physique et psychique annihilant tout esprit critique a conduit les parties civiles à maintenir le lien thérapeutique et à être dans l'incapacité de mettre fin à cette dépendance au point que les experts ont pu parler de dépersonnalisation, de perte d'identité, de dissociation, diagnostic peu éloigné de celui de M. [E] évoquant une infantilisation généralisée ; qu'elles n'ont pu sortir de cette emprise, et encore avec un départ en catimini, que par la crainte d'un passage à l'acte sur leurs enfants, la confirmation que les actes de M. [C] n'étaient pas conformes à ses paroles, une menace grave contre leur intégrité physique, une rencontre, ce qui explique que les adeptes restés dans la communauté aient une vision différente et ne dénoncent aucun dérapage ; que cette soumission suffit à caractériser une situation qui leur a été gravement préjudiciable. »

Parmi les techniques psychologiques d'assujettissement, les transes collectives ritualisées[41] sont classiques. Elles exploitent la dynamique de groupe afin de mettre en place la sujétion. La transe repose sur un état modifié de conscience de type hypnoïde. Elle produit sur demande des émotions présentées comme la preuve vécue de la vérité du groupe. Cela participe à la construction d'un monde alternatif ressenti comme vrai. Une autrice américaine[42] a pu étudier dans de nombreux groupes de type charismatique les facteurs qui favorisent la réalisation des « miracles », comme entendre Dieu parler ou subir un épisode de glossolalie. La source première est la pratique répétée de méthodes psychologiques d'altération de la conscience pour permettre au croyant de réaliser une boucle d'auto-conviction : par la prière, j'ai entendu Dieu, donc Dieu existe et donc je dois prier plus. La

---

[41] Cour de cassation, chambre criminelle, 5 novembre 2019, 18-84554 : « Au cours de ces investigations, des témoins anonymes ont affirmé que Mme S. T. Q. se présentait comme voyante auprès de la communauté antillaise et prodiguait des consultations payantes pouvant déboucher sur un "travail" plus onéreux auquel s'ajoutaient deux ou trois grands rassemblements pendant l'année d'une durée ininterrompue de deux à trois jours. Selon ces témoignages, son mari, M. J. Q., surveillait les cérémonies marquées par des scènes de transe collective et d'hystérie au cours desquelles elle pouvait se montrer violente et menaçante et était assistée de leurs filles, Mmes X. et U. Q., elles-mêmes aidées de "serviteurs" vêtus de blanc. Une autre personne recevait l'argent des participants dont certains s'endettaient à cette fin. Ils évoquaient encore une organisation hiérarchisée, avec différents niveaux d'initiation, ainsi que des sacrifices d'animaux effectués à mains nues ou avec des sabres par Mme S. T. Q. qui en aspergeait le sang sur les participants. »

[42] Voir LUHRMANN T. M., *How Gods Becomes Real: Kindling the Presence of Invisible Others*, Princeton University Press, 2022, 256 p.

réalisation de ces exercices spirituels permet de constituer un monde parallèle que l'autrice nomme « para-cosme » (un univers parallèle au sein des consciences individuelles).

Conduire à un acte ou une abstention gravement préjudiciable

La jurisprudence adopte une définition large de l'abstention ou de l'acte gravement préjudiciable. Ils sont extrêmement variés : changement de mode de vie, abandon d'un emploi, d'un régime thérapeutique, réalisation de donations. Le fait d'avoir des pratiques sexuelles, de consentir à un mariage… sont autant d'éléments de nature à caractériser cet acte gravement préjudiciable.

Le préjudice peut être financier, psychologique ou physique. Il peut être simplement potentiel. La Cour de cassation a admis que la rédaction d'un testament[43] est un acte préjudiciable même si le testament n'a pas encore eu d'effet, le testateur étant encore en vie.

---

[43] Cour de cassation, chambre criminelle, arrêt nº 5608 du 21 octobre 2008, pourvoi nº 08-81.126 : « Attendu que, pour relaxer la prévenue, l'arrêt retient qu'un testament, qui ne prend effet qu'au décès de son auteur, ne peut porter préjudice qu'aux héritiers évincés de la succession, qu'il peut être révoqué par le testateur et être soumis à une action en nullité par les héritiers qui s'estimeraient lésés ; que les juges ajoutent que Lucienne Y. n'a pas d'héritiers réservataires, qu'elle n'avait jamais manifesté d'intention libérale à l'égard de quiconque et qu'elle se désintéressait de la question de sa succession ; qu'ils en déduisent que ces circonstances excluent que Lucienne Y. se soit trouvée conduite à un acte qui lui ait été gravement préjudiciable. Mais attendu qu'en prononçant ainsi, la cour d'appel a méconnu le texte susvisé et le principe ci-dessus énoncé. »

CHAPITRE 3

LES AUTRES INCRIMINATIONS DE LA SOUMISSION SECTAIRE

La compréhension de l'abus frauduleux éclaire sur les différents abus possibles et leur répréhension.

L'adepte peut subir une soumission sexuelle (I), morale (II), thérapeutique (III), financière (IV) et éducative (V).

I. LA SOUMISSION SEXUELLE

La violence morale se définit par l'acte de menacer une victime d'un mal considérable pour arracher l'obtention de quelque chose que le tourmenteur n'aurait pas obtenu autrement. Cette question, dans le domaine de la dérive sectaire, est étroitement liée à l'obtention de faveurs sexuelles au prétexte que leur absence serait une calamité pour la victime et, plus généralement, au harcèlement moral des victimes.

Les abus sexuels

L'abus sexuel est très classique lors de dérives sectaires. Le sujet, pris dans l'emprise et dans l'aura du gourou, succombe à la mise en place d'un système visant à obtenir des faveurs sexuelles, généralement construites dans le cadre de la réalisation des croyances. La répression des agressions sexuelles représente une large gamme d'infractions : outrage sexiste, agissement discriminatoire, harcèlement sexuel, agression sexuelle et viol. Les différences entre cette large gamme d'infractions doivent être maîtrisées pour comprendre rapidement ce qui entre dans l'une des catégories.

Outrage sexiste et harcèlement sexuel

L'outrage sexiste est défini à l'article 621-1 du Code pénal comme « le fait d'imposer à une personne tout propos ou comportement à connotation sexuelle ou sexiste qui soit porte atteinte à sa dignité en raison de son caractère dégradant ou humiliant, soit crée à son encontre une situation intimidante, hostile ou offensante ». Beaucoup de groupements à tendance sectaire maintiennent une vision du féminin soumis au masculin – que cela soit dans les relations de vie ou dans les relations sexuelles. La soumission de la femme à son époux fait partie intégrante de ces croyances et la structure du groupe a pour conséquence de réifier cela. L'outrage peut même se transformer en harcèlement sexuel défini par l'article 222-33 du Code pénal comme « le fait d'imposer à une personne, de façon répétée, des propos ou comportements à connotation sexuelle ou sexiste qui soit portent atteinte à sa dignité en raison de leur caractère dégradant ou humiliant, soit créent à son encontre une situation intimidante, hostile ou offensante ». La promiscuité sexuelle, les « unions mystiques » ou la mise en place d'un cadre sexuel au sein des croyances en font partie. La Cour de cassation[44] a reconnu que « la qualification de harcèlement sexuel peut être retenue, y compris pour un acte unique d'une particulière gravité ». Cela est le cas du thérapeute ou du gourou qui propose un acte sexuel pour passer à une nouvelle étape du développement spirituel.

Agression sexuelle et viol

En cas de contact non désiré, il est possible qu'il y ait une agression sexuelle. L'article 222-22 du Code pénal la définit comme « toute atteinte sexuelle commise avec violence,

[44] Cour de cassation, chambre criminelle, 17 mai 2017, n° 15-19.300.

contrainte, menace ou surprise ». Le viol est prévu à l'article 222-23 du Code pénal : « Tout acte de pénétration sexuelle, de quelque nature qu'il soit, ou tout acte bucco-génital commis sur la personne d'autrui ou sur la personne de l'auteur par violence, contrainte, menace ou surprise est un viol[45]. » La différence entre l'une et l'autre est la pénétration. Les zones sexuelles sont les seins, le sexe, les fesses, la bouche et entre les cuisses. Dans le cadre des dérives sectaires, la question de la qualification de l'agression sexuelle est souvent complexe. Il n'y a pas toujours violence, menace ou surprise. Le rapport sexuel est souvent construit dans le temps selon un cadre mystique et accepté par la victime, car elle ou il est sous la croyance d'une nécessité magique ou spirituelle. La question est alors de savoir si cela constitue une menace : la femme qui accepte un rapport sexuel pour être désenvoûtée d'un sort est-elle victime d'une agression sexuelle ? Est-ce que la relation d'emprise constitue la menace ou la violence ?

Si la jurisprudence a pu évoluer en affaiblissant le caractère de la menace, elle maintient qu'elle doit avoir un caractère « sérieux et irrésistible[46] », autrement dit présenter un effort quasiment insurmontable de la victime pour y résister. Un des procédés (menace, violence, contrainte, surprise) doit donc avoir été utilisé afin de caractériser l'absence de consentement de la victime. Le simple abus frauduleux ou l'abus de son autorité en l'état du droit français ne permet pas de caractériser le viol ou l'agression sexuelle. Il peut s'agir d'un

---

45 Loi n° 2021-478 du 21 avril 2021 visant à protéger les mineurs des crimes et délits sexuels et de l'inceste. La loi a modifié la définition du viol en élargissant la définition, en ajoutant les actes bucco-génitaux et surtout, en établissant une présomption de contrainte en raison de la différence d'âge. L'article 222-23-1 dispose : « Hors le cas prévu à l'article 222-23, constitue également un viol tout acte de pénétration sexuelle, de quelque nature qu'il soit, ou tout acte bucco-génital commis par un majeur sur la personne d'un mineur de quinze ans ou commis sur l'auteur par le mineur, lorsque la différence d'âge entre le majeur et le mineur est d'au moins cinq ans. »

46 Cour de cassation, chambre criminelle, 10 mai 2001, n° 00-87.659.

élément d'aggravation de l'infraction, mais il ne permet pas sa qualification pénale. Le droit français demeure donc conservateur sur la définition du viol et rend cette infraction peu applicable dans le cas de l'emprise sectaire, surtout si la violation était construite dans le dogme du groupement.

L'approche juridique de l'agression sexuelle dans le cadre de l'emprise mentale ne peut se satisfaire de cet état de la jurisprudence. C'est justement la capacité à consentir que l'emprise mentale confisque. Il ne peut y avoir abus frauduleux et consentement. Cela ressort notamment de la capacité à obtenir la nullité d'actes juridiques (donations, testaments…) faits sous emprise. Ce raisonnement doit trouver application aussi dans la répression des abus sexuels : « Les circonstances des faits dont il résulte que l'accusé a usé de contrainte morale à l'égard de L., qui n'est pas en mesure de s'y opposer en raison de sa différence d'âge avec Gabriel Loison (56 ans) de son statut de parrain à son égard, de son état de sidération et de l'état de sujétion psychologique dans lequel il la tenait[47]. » La cour d'assises a reconnu cela ; il s'agissait du viol d'une mineure. Il n'est pas possible de généraliser la portée de cette décision, mais il y a bien une brèche pour construire une jurisprudence qui affirme qu'il ne peut y avoir abus frauduleux et consentement à l'acte sexuel.

Souvent, l'agression sexuelle apparaît abandonnée au profit de l'intégration de la relation sexuelle comme un des éléments gravement préjudiciables au titre de l'abus frauduleux. Par exemple, le fait d'avoir des relations sexuelles en groupe, et cela, de manière imposée par la gourelle, notamment en levant le tabou de l'inceste (rapports mère/fils) : « pour les plus fragiles d'entre eux, l'absence de prise en compte de leurs défaillances a constitué indéniablement une abstention gravement préjudiciable[48]. » L'emprise étant qualifiée dans cette affaire, on aurait pu se demander si les faits n'auraient pas pu faire l'objet d'un renvoi

---

[47] Cour d'assises d'Ille-et-Vilaine, 29 septembre 2023, nº 38/2017.
[48] Tribunal de grande instance de Lisieux du 22 janvier 2013.

pour agressions sexuelles : on voit la volonté de prudence de l'action publique qui préfère se cantonner à des faits dont la caractérisation est plus clairement qualifiée.

Prostitution

Certains groupements sectaires articulent une vision du féminin sacré qui tirerait sa force, à l'instar de « Cléopâtre[49] », de sa puissance de séduction. Une femme vraiment libérée vendrait ses charmes pour asseoir sa domination. Organiser l'activité de prostitution d'individus est récriminé par l'article 225-5 du Code pénal. La question de la prostitution en qualité d'avocat de victime est toujours complexe dans la mesure où elle porte sur un tabou très ancré, notamment au niveau de la famille. La victime doit être protégée dans sa vie privée.

La prostitution est très fréquente, car elle est un outil de monétarisation de l'adepte par lequel la victime finance des formations assurant son progrès dans les échelons initiatiques, chaque marche étant plus onéreuse que la précédente. La prostitution est alors présentée comme un moyen pour l'adepte de se développer et de pouvoir financer sa formation en pleine autonomie.

Mariage arrangé

La réglementation du sexuel et l'organisation d'un contrôle sur les relations sentimentales peuvent conduire à des mariages arrangés. Il n'existe pas de délit en France condamnant l'organisation de mariages arrangés et de mariages forcés. La Cour de cassation, dans un arrêt récent[50], l'a réaffirmé en fermant la possibilité d'une inculpation sous le régime de la traite des êtres humains. Le garde-fou, en pratique inexistant, devrait se trouver au niveau de l'officier d'état civil qui vérifie au moment de la publication des bans la

---

[49] Égérie malgré elle d'un féminin réifié.

[50] Cour de cassation, chambre criminelle, 11 mai 2023, n° 22-85425, FS–B.

réalité du consentement matrimonial. En pratique, l'entretien préalable n'est pas suffisant et ne permet que difficilement de prendre connaissance de l'existence d'un mariage forcé, surtout si les mariés, sous le coup d'une emprise mentale, semblent confirmer leur entente matrimoniale.

Évidemment, dans le cadre des dérives sectaires, la question prend une tournure particulièrement complexe : est-ce qu'il peut y avoir viol si le mariage arrangé se fait dans le cadre d'une emprise mentale ? Il s'agit là de la question de la victime co-autrice d'infraction. En réalité, le caractère non consenti du mariage et de l'union sexuelle se cristallisera *a posteriori* au moment de la prise de conscience de l'emprise. Le traitement est donc complexe et au cas par cas. Dans ce type de cas, la justice restaurative trouve sa place pour reconstruire la perception psychique de la réalité.

Dans tous les cas, il est possible d'obtenir la nullité du mariage et du contrat de mariage sur le fondement du vice de consentement qui peut être démontré sur la base de l'emprise mentale. La nullité du mariage sera rétroactive et permettra d'annuler tous les effets financiers et notamment les apports de biens propres en communauté ou les avantages matrimoniaux. Les donations ne seront pas nécessairement nulles de plein droit et pourront nécessiter des actions en justice complémentaires.

Néanmoins, il peut être préférable de passer par un divorce par consentement mutuel pour éviter la complexité d'une procédure contentieuse. La question portera surtout sur le contenu de l'actif communautaire et de la présence de biens apportés au détriment manifeste d'une partie. Dans ce cas, il est possible de chercher la nullité du contrat de mariage d'un côté, sans le divorce, et de divorcer amiablement à côté.

Il convient de noter qu'il est possible d'obtenir une mesure de protection pour éviter la réalisation du mariage arrangé (voir *infra* : mesures de protection).

II. LA SOUMISSION PSYCHOLOGIQUE DU QUOTIDIEN

Les groupes à tendance sectaire ont de nombreuses pratiques déstabilisatrices. Leur maintien dans le temps repose sur une structure de contrôle des adeptes généralement intrusive : confessions obligatoires, obligation de prendre conseil d'un aîné, contrôle des mouvements, obligation de corvées multiples. L'effet est encore plus important dans le cadre de la vie en communauté. Il y a une violence psychologique qui cause de la souffrance à la victime. Elle est constitutive de faits de harcèlement moral. La loi du 4 août 2014 a créé une incrimination générale portant sur le fait « de harceler une personne par des propos ou comportements répétés ayant pour objet ou pour effet une dégradation de ses conditions de vie se traduisant par une altération de sa santé physique ou mentale[51]… ». Il s'agit de l'infraction générale du harcèlement moral qui se décline en harcèlement sexuel et sur le lieu de travail. L'infraction suppose une répétition présente par définition dans le cadre sectaire totalisant – les sollicitations incessantes à participer à des activités ou des rappels à l'ordre, l'atmosphère générale d'oppression. Par ailleurs, la violence psychologique présente l'avantage d'être bien comprise dans des relations de types couple ou travail par la jurisprudence, autrement dit dans le cadre d'une appartenance à quelque chose de plus grand que l'individu pris dans sa singularité. De manière très intéressante, le caractère répétitif est reconnu comme pouvant être le fait d'un groupement et non d'une seule personne. La loi du 2 mars 2022[52] a confirmé la tendance jurisprudentielle en précisant la définition de l'infraction. Elle dispose que ses éléments

---

[51] Article 222-33-2-2 du Code pénal.

[52] Loi n° 2022-299 du 2 mars 2022 visant à combattre le harcèlement scolaire.

constitutifs peuvent être également constitués par l'action concertée de plusieurs personnes.

Thérapies de conversion

Cette forme de harcèlement[53] a débouché sur l'interdiction de proposer de manière répétée une thérapie de conversion (permettant à un homosexuel de « retourner » vers l'hétérosexualité). Le nouvel article 225-4-13 du Code pénal réprime « les pratiques, les comportements ou les propos répétés visant à modifier ou à réprimer l'orientation sexuelle ou l'identité de genre, vraie ou supposée, d'une personne et ayant pour effet une altération de sa santé physique ou mentale » par deux ans d'emprisonnement et 30 000 euros d'amende.

La lutte contre les thérapies de conversion s'est aussi traduite dans l'article L. 4163-11 du Code de la santé publique : « Le fait de donner des consultations ou de prescrire des traitements en prétendant pouvoir modifier ou réprimer l'orientation sexuelle ou l'identité de genre, vraie ou supposée, d'une personne est puni de deux ans d'emprisonnement et de 30 000 euros d'amende. » Les faits peuvent donner lieu à une interdiction d'exercer la médecine.

Droit du travail

Les communautés de vie où les adeptes se consacrent intégralement à la communauté et lui donnent leur labeur sont en réalité une relation de travail. Dès lors, les infractions de travail dissimulé, mais aussi tous les manquements au droit du travail sont sanctionnables.

---

[53] Loi du 31 janvier 2022 interdisant les pratiques visant à modifier l'orientation sexuelle ou l'identité de genre d'une personne.

III. LA SOUMISSION PAR LA SANTÉ PAR LA PRATIQUE ILLÉGALE DE LA MÉDECINE

Naturopathe, iridologue, magnétiseur, guérisseur ayurvédique et autres professions du domaine de la santé pullulent autour de centres de bien-être physique et spirituel. Défenseurs d'une approche holistique de la santé et du corps humain, ils proposent tout simplement de guérir toutes les maladies par une approche intuitive et spirituelle de la médecine. Ces charlatanismes sont sanctionnés de manière différenciée s'il s'agit des actions d'un professionnel de la santé ou non. La logique du droit français est d'interdire toute pratique médicale à des non-médecins (A) et de forcer les médecins à avoir une pratique fondée en science (B).

A. Pour les non-praticiens

L'absence de protection du titre de « docteur » et la notion de « médecine »

Un docteur en histoire peut légalement se dire « docteur pratiquant la médecine tantrique, quantique et vibratoire ». En effet, le titre de docteur n'est pas protégé et tout détenteur de doctorat peut faire état d'un tel titre, même s'il n'a aucun lien avec la santé. Le terme de « médecine » n'est pas non plus protégé. On peut donc légalement parler de « médecine douce », « médecine chinoise », « médecine anthroposophique ». Il convient donc d'être bien attentif à ce que les différents termes recouvrent dans la pratique et à l'inscription d'un praticien à un ordre médical. Le considérable essor du marché de la santé pousse des entrepreneurs peu scrupuleux à créer leurs propres procédés charlatanesques et à pouvoir les qualifier sans difficulté de « médecines ».

De manière générale, l'invention de nouvelles terminologies n'est pas interdite. Il est donc possible de décliner de manière infinie les nouvelles thérapies qui peuvent même faire l'objet d'une protection sur la base du droit des marques. Seulement dans de rares cas de figure, une utilisation peut être interdite : par exemple le terme de « médicament » engendre une série d'interdictions. Toutefois, la plasticité sémantique ouvre de nombreuses possibilités commerciales.

Globalement, les pratiques de soins non conventionnelles[54] échappent pour le moment à un cadre réglementaire, hormis la pratique illégale de la médecine et les règles du Code de la consommation[55].

L'usurpation de titre

L'usurpation de titre doit être nettement distinguée de la pratique illicite. Seul le titre est protégé, c'est-à-dire le fait de pouvoir se dire « psychothérapeute », « pharmacien », « médecin ». Il est donc possible de faire montre de dérivés : « psychopraticien », « herboriste »... Le terme protégé ne renvoie pas nécessairement à une pratique définie et protégée avec le titre. Il s'agit seulement d'offrir au consommateur un moyen de s'assurer de la réalité d'un praticien.

Toutefois cette protection est relativement faible, notamment quand on prend en compte la pratique de la psychothérapie. La multiplication des titres non réglementés et l'absence de moyens de vérification publique de l'inscription d'un thérapeute au registre des psychothérapeutes entraînent une vraie limitation à la protection du titre.

La loi dite Accoyer de 2004[56] a protégé le titre de psychothérapeute en créant un registre des psychothérapeutes tenu par les ARS et notamment en fixant les conditions d'exercice du titre (il y a une obligation de formation et de stage clinique), sans pour autant prévoir une pratique illégale

---

54 Le terme commence à faire consensus. On trouve parfois aussi : intervention non médicamenteuse.

55 Voir la sous-section du Code de la consommation sur les pratiques commerciales trompeuses (article L. 132-1 à L. 132-9).

56 Loi n° 2004-806 du 9 août 2004 relative à la politique de santé publique.

de la psychothérapie ; dès lors, de multiples appellations ont pu fleurir comme psychopraticien…

L'acte médical par un non-praticien

Si le charlatanisme est prévu explicitement pour le médecin, il n'existe pas d'incrimination autonome de charlatanisme en droit pénal français. Toutefois, il est possible d'agir pour pratique illégale de la médecine.

La pratique illégale de la médecine est définie par le Code de la santé publique (article L. 4161-1) comme commise par « toute personne qui prend part habituellement ou par direction suivie, même en présence d'un médecin, à l'établissement d'un diagnostic ou au traitement de maladies, congénitales ou acquises, réelles ou supposées, par actes personnels, consultations verbales ou écrites ou par tous autres procédés quels qu'ils soient, ou pratique l'un des actes professionnels prévus dans une nomenclature fixée par arrêté du ministre chargé de la santé pris après avis de l'Académie nationale de médecine, sans être titulaire d'un diplôme, certificat ou autre titre mentionné ».

L'exercice illégal suppose la pose répétée d'un diagnostic. Elle résulte aussi de la pratique d'actes réservés aux médecins. L'arrêté de 1962[57] fixe la liste des actes médicaux relevant du monopole des médecins, il est complété d'interdictions jurisprudentielles, comme notamment pour l'acupuncture[58], en raison de la pose d'un diagnostic et de son caractère invasif. De nombreuses pratiques entrent dans le champ de la pratique illégale de la médecine. La naturopathie, qui fait parler d'elle en raison de la présence de nombreux praticiens inscrits sur Doctolib qui préconisaient à la suite d'Irène

---

[57] Arrêté du 6 janvier 1962 fixant la liste des actes médicaux ne pouvant être pratiqués que par des médecins ou pouvant être pratiqués également par des auxiliaires médicaux ou par des directeurs de laboratoires d'analyses médicales non médecins.

[58] Cour de cassation, chambre criminelle, 28 juin 2016, pourvoi n° 15-83587.

Grosjean de pratiquer des attouchements sexuels sur des enfants pour les soigner de leurs rhumes, tombe sous le coup d'une telle interdiction. Par ailleurs, la pratique illégale de la profession de chirurgien-dentiste (article L. 4161-2 du Code de la santé publique) et celle de sage-femme (article L. 4161-3) ont leurs propres infractions. L'accouchement à domicile est une source de déviance car beaucoup de groupes sectaires interdisent à leurs adeptes de donner naissance à l'hôpital.

Médicaments et compléments alimentaires

Une seconde pratique illégale est celle de la profession de pharmacien (article 4223-1) ou de préparateur en pharmacie (article 4243-1) qui définissent le monopole du pharmacien. L'article L. 4211-1 du Code de la santé publique leur réserve à eux seuls la vente des médicaments dont la définition est fixée à l'article L. 5111-1 du Code de la santé publique et dans la directive 2011/83 du 6 novembre 2022. L'ordre des pharmaciens dispose d'un pouvoir de poursuite, notamment par les pharmaciens-inspecteurs qui enquêtent et visitent des locaux à usage professionnel. La notion de médicament est large ; elle recouvre « toute substance ou composition présentée comme possédant des propriétés curatives ou préventives à l'égard des maladies humaines ou animales[59] ». Les produits de diététique peuvent aussi être des médicaments, si des éléments chimiques ajoutés leur confèrent des propriétés diététiques.

La commercialisation des compléments alimentaires est aussi fortement réglementée[60] en France et il n'est pas possible de mettre à disposition sur le territoire français des

---

59 Article L. 5111-1 du Code de la santé publique.

60 Le décret nº 2006-352 du 20 mars 2006 relatif aux compléments alimentaires soumet à une obligation de déclaration obligatoire de commercialisation avant la première introduction sur le marché en ses articles 15 et suivants. Le décret découle de la mise en œuvre d'une directive communautaire 2002/46/CE du Parlement et du Conseil européen du 10 juin 2002 relative au rapprochement des législations des États membres concernant les compléments alimentaires.

compléments alimentaires sans qu'il y ait eu une déclaration préalable aux autorités, les informant de la commercialisation et des éléments essentiels des produits. La question se pose de manière fréquente aujourd'hui en raison de l'existence de plateformes de vente sur Internet de produits étrangers directement livrés chez le consommateur. Certains produits présentés comme de simples compléments alimentaires sont aussi et souvent en réalité des médicaments. L'administration a établi une liste des nutriments pouvant fait l'objet d'une utilisation au titre d'un complément alimentaire[61]. Les compléments alimentaires peuvent inclure des plantes et des champignons ayant une utilisation reconnue dans les pratiques traditionnelles. L'administration a déterminé la liste des plantes dans un arrêté[62]. Il n'y a pas d'arrêté pour les algues et les champignons : sont autorisés ceux dont l'utilisation est reconnue comme n'étant pas nouvelle dans les compléments alimentaires au sens de la réglementation communautaire[63]. La DGCRF tient à jour une liste des différents produits pouvant être utilisés ; à compter de janvier 2024, la mission de sécurité sanitaire a été confiée aux services de la Direction générale de l'alimentation du ministère de l'Agriculture.

B. Les obligations des professionnels de santé

De nombreuses pratiques déviantes trouvent des praticiens dans les forces médicales. Les professionnels de

---

61 Arrêté du 9 mai 2006 relatif aux nutriments pouvant être employés dans la fabrication des compléments alimentaires.

62 Arrêté du 24 juin 2014 établissant la liste des plantes, autres que les champignons, autorisées dans les compléments alimentaires et les conditions de leur emploi.

63 Règlement (UE) 2015/2283 du Parlement européen et du Conseil du 25 novembre 2015 relatif aux nouveaux aliments, modifiant le règlement (UE) nº 1169/2011 du Parlement européen et du Conseil et abrogeant le règlement (CE) nº 258/97 du Parlement européen et du Conseil et le règlement (CE) nº 1852/2001 de la Commission (texte présentant de l'intérêt pour l'EEE).

santé sont rattachés à des ordres professionnels et doivent suivre une déontologie stricte. En cas de pratiques déviantes, les ordres entament des procédures disciplinaires. La plupart des professionnels de santé sont organisés en ordres[64] qui assurent le respect d'une déontologie.

La déontologie des médecins

Les médecins ont une pratique étroitement surveillée par un code de déontologie repris aux articles 4127-1 et suivants du Code de la santé publique. Une pratique ésotérique ou ascientifique se heurte à de nombreux principes ordinaux, dont les suivants :

– interdiction d'avoir une pratique commerciale en vantant par exemple des cures miracles ou par une communication agressive sur les réseaux sociaux (article 19) ;
– obligation de donner des soins sérieux fondés sur les données acquises de la science (article 32) ;
– interdiction des remèdes illusoires ou insuffisamment prouvés et interdiction du charlatanisme (article 39) ;
– obligation de transmettre une information claire, loyale et honnête (article 35) ;
– interdiction des honoraires au forfait (article 55).

Le médecin qui prodigue des soins ésotériques et n'apporte pas une information complète relève du charlatanisme et agit sans doute dans un but commercial. Les sanctions vont de la radiation temporaire à une exclusion de l'ordre des médecins. Surtout, la caractérisation d'une faute permettra d'initier une action en responsabilité civile du praticien.

---

64 Les psychologues et les psychothérapeutes n'appartiennent pas à un ordre assurant une discipline déontologique. Il va sans dire que les praticiens sans reconnaissance officielle (psychanalyste, psychopraticien…) sont hors du cadre des professions de santé et doivent être traités comme des non-praticiens.

Le rôle des ARS

De nombreux centres de santé ont été ouverts en partie par des sociétés commerciales pour héberger des praticiens. Cette nouvelle industrie génère de nombreux abus amenant le législateur à intervenir pour renforcer le contrôle du régulateur : les Agences régionales de santé (ARS)[65].

Notamment, les directeurs des Agences régionales de santé ont un pouvoir de sanctions en cas de manquement par des établissements de santé ou par des centres de santé à leurs obligations réglementaires. Les sanctions peuvent prendre la forme d'une amende ou d'une décision administrative de fermeture[66]. L'ARS contrôle aussi les obligations déclaratives des centres de santé.

La problématique de l'entrisme

Une autre problématique majeure est celle de l'entrisme qui définit la tendance des groupes sectaires à établir des relations privilégiées avec des hôpitaux ou des ordres professionnels afin de promouvoir leurs thérapies ou leurs concepts thérapeutiques. Il y a ainsi en France des diplômes universitaires de médecine anthroposophique dont le contenu repose uniquement sur les intuitions de Rudolph Steiner lors de ses voyages astraux. La pratique de l'entrisme et la volonté de placer des adeptes dans des centres de décision sont des aspects importants de l'action légitimatrice des mouvements sectaires pour imposer leurs théories ésotériques.

---

65 La loi visant à améliorer l'encadrement des centres de santé du 19 mai 2023.

66 Article L. 6323-1-12 du Code de la santé publique pour la fermeture des centres de santé.

C. Autres infractions applicables au champ de la santé

Obligations générales d'interdiction d'exposer autrui à un danger

Plusieurs autres infractions s'appliquent en cas de dérives sectaires, notamment la non-assistance à personne en danger ou l'homicide involontaire à la suite de pratiques pseudo-thérapeutiques extrêmes. L'article 223-1 du Code pénal incrimine : « Le fait d'exposer directement autrui à un risque immédiat de mort ou de blessures de nature à entraîner une mutilation ou une infirmité permanente par la violation manifestement délibérée d'une obligation particulière de prudence ou de sécurité imposée par la loi ou le règlement est puni d'un an d'emprisonnement et de 15 000 euros d'amende. » Cette infraction a trouvé une application notamment dans le cadre de pratiques survivalistes où les participants devaient se nourrir de plantes sauvages : malheureusement un des candidats à la survie a confondu une carotte sauvage avec de la ciguë, ce qui lui a offert la même mort que Socrate, la sagesse en moins. Similairement, la pratique excessive du jeûne a parfois conduit à des issues fatales.

L'allégation trompeuse sur les réseaux sociaux

Mesure phare[67] de la loi du 10 mai 2024, le nouvel article 223-1-2 du Code pénal punit la provocation « au moyen de pressions ou de manœuvres réitérées, de toute personne atteinte d'une pathologie à abandonner ou à s'abstenir de suivre un traitement médical thérapeutique ou prophylactique, lorsque cet abandon ou cette abstention est présenté comme bénéfique pour la santé de la personne

---

[67] CONTIS Maialen, « Quand la lutte contre les dérives sectaires investit le Code de la santé publique », *Dalloz Actualité*, Éditions Dalloz, 11 juillet 2024.

concernée alors qu'il est, en l'état des connaissances médicales, manifestement susceptible d'entraîner pour elle, compte tenu de la pathologie dont elle est atteinte, des conséquences particulièrement graves pour sa santé physique ou psychique ».

Elle réprime aussi « la provocation à adopter des pratiques présentées comme ayant une finalité thérapeutique ou prophylactique alors qu'il est manifeste, en l'état des connaissances médicales, que ces pratiques exposent à un risque immédiat de mort ou de blessures de nature à entraîner une mutilation ou une infirmité permanente ».

La peine est d'un an de prison et de 30 000 euros d'amende et trois ans et 45 000 euros d'amende en présence d'une victime. Le texte de loi prévoit une défense : celle d'avoir permis un choix libre et éclairé sauf en présence d'une sujétion psychologique.

Le Conseil constitutionnel[68] a été saisi de cette mesure et il a eu l'occasion d'en confirmer la légalité. Les lobbys des nouvelles religions avaient notamment mis en avant que cela mettrait en péril la liberté d'expression dans le domaine de la santé. Il a considéré après mise en balance des différentes libertés fondamentales – dont celle du droit à la santé – que la condamnation assurait un équilibre entre les droits en présence et qu'elle est suffisamment précise pour répondre au critère de la légalité.

D'un point de vue probatoire, la plateforme Pharos[69] permet de conserver des preuves Internet de manière très simple en envoyant une copie de l'URL concernée. Les services de gendarmerie reçoivent le document et en assurent la copie numérique avant d'en vérifier le contenu. Un accusé de réception Pharos permet de retrouver le contenu par la suite et de l'inclure dans une plainte pénale.

---

68 Conseil constitutionnel, 7 mai 2024, n° 2024-865, ADJA 2024. 998.
69 https://www.service-public.fr/particuliers/vosdroits/R17674.
Le service Thésée permet de porter plainte pour les e-escroqueries : https://www.service-public.fr/particuliers/vosdroits/R45758.

La loi de 2023 sur l'influence numérique avait déjà précisé qu'« est interdite aux personnes exerçant l'activité d'influence commerciale par voie électronique toute promotion, directe ou indirecte, de produits, d'actes, de procédés, de techniques et de méthodes présentés comme comparables, préférables ou substituables à des actes, des protocoles ou des prescriptions thérapeutiques[70] ».

Les sanctions sont fixées par l'article L. 324-8-1 du Code de la sécurité intérieure par « une amende de 100 000 euros. Le montant de l'amende peut être porté au quadruple du montant des dépenses publicitaires consacrées à l'opération illégale ».

IV. LA SOUMISSION FINANCIÈRE

Parmi les critères de la dérive sectaire de la Miviludes se trouve le non-respect des voies financières classiques, que cela passe par des donations camouflées en prêts ou dans des transferts de sommes en liquide. Le groupement sectaire tourne autour de l'argent de ses proies.

Abus de confiance

L'abus de confiance consiste, après s'être fait remettre un bien, à l'en détourner de l'usage pour lequel il a été initialement remis. Contrairement à l'escroquerie, à l'origine, il y a une bonne intention ou un projet réel. L'argent ou le bien remis a été détourné généralement à des fins privatives. On peut imaginer une collecte de fonds sincère, mais utilisée à mauvais escient.

S'il n'y a pas de jurisprudence directement en lien avec le domaine des dérives sectaires, elle est abondante sur la notion d'abus de confiance en raison des multiples applications, notamment dans le domaine associatif sur le détournement de

---

[70] Loi n° 2023-451 du 9 juin 2023 visant à encadrer l'influence commerciale et à lutter contre les dérives des influenceurs sur les réseaux sociaux, article 4.

fonds confiés ou mis en trésorerie par les membres et détournés par le président de l'association.

Escroquerie

L'escroquerie est définie comme « le fait, soit par l'usage d'un faux nom ou d'une fausse qualité, soit par l'abus d'une qualité vraie, soit par l'emploi de manœuvres frauduleuses, de tromper une personne physique ou morale et de la déterminer ainsi, à son préjudice ou au préjudice d'un tiers, à remettre des fonds, des valeurs ou un bien quelconque, à fournir un service ou à consentir un acte opérant obligation ou décharge ». Il faut donc deux éléments matériels : (1) un moyen frauduleux et (2) la remise d'une chose ou l'octroi d'un service. Si la remise d'une chose est généralement facile à repérer, le plus souvent de l'argent, l'octroi d'un service est aussi possible. Dans les dérives sectaires, les groupements demandent beaucoup de choses à leurs membres, souvent contre des promesses illusoires. Cela peut-il être de l'escroquerie ?

La Cour de cassation a pu prendre une décision marquante sur la question de l'escroquerie appliquée à un nouveau groupe religieux : « Attendu que la cour d'appel, à titre préliminaire, après avoir rappelé que la liberté religieuse était totale sous les seules restrictions résultant des nécessités de la sécurité publique, de l'ordre public, de la santé ou de la morale publiques, énonce que l'Église de *scientologie* peut revendiquer le titre de religion, avant toutefois de relever que des individus peuvent utiliser une doctrine religieuse, en soi licite, à des fins financières ou commerciales pour tromper des tiers de bonne foi et que l'exercice d'un culte peut donner lieu à des manœuvres frauduleuses de la part de certains des membres de cette religion[71]. » Il faut en comprendre que l'existence d'un groupe, même répondant à des critères de la dérive sectaire ne peut en lui-même être une escroquerie, quand bien même le groupement vend des miracles. Cependant, la vente des

[71] Cour de cassation, chambre criminelle, 30 juin 1999, n° 98-80501.

différentes formations, de modules de connaissance à des prix excessifs avec des promesses peu réalisables est potentiellement constitutive de faits d'escroquerie.

L'escroquerie est donc un moyen d'action fort. Dans la caractérisation de la fraude, il est possible d'aller chercher des éléments de l'emprise mentale. La jurisprudence, sur l'escroquerie, est dense. Il faut la notion de moyen frauduleux. Par exemple, l'Église de scientologie a fait l'objet d'une condamnation pour avoir fait passer des tests dépourvus de toute valeur scientifique dans le seul but de vendre des produits. Cette tromperie a permis de caractériser l'escroquerie avec la circonstance aggravante de la bande organisée.

L'escroquerie a, depuis la loi du 10 mai 2024, une circonstance aggravante en présence d'un état de sujétion psychologique.

Extorsion

L'article 312-1 du Code pénal dispose que « l'extorsion est le fait d'obtenir par violence, menace de violences ou contrainte soit une signature, un engagement ou une renonciation, soit la révélation d'un secret, soit la remise de fonds, de valeurs ou d'un bien quelconque ». L'extorsion s'articule donc aisément avec la soumission financière présente dans une dérive sectaire. La demande financière s'inscrit généralement dans une menace d'exclusion ou dans la présentation d'un danger imminent et insurmontable.

Le droit de la consommation

Le Code de la consommation[72] possède une incrimination des pratiques commerciales trompeuses. Elles consistent pour un commerçant à tromper ou à créer de la confusion sur ses produits. Il y a notamment pratique commerciale trompeuse si la vente d'un produit ou d'un service repose « sur des

---

[72] L121-2 à L212-5 du Code la consommation.

allégations, indications ou présentations fausses ou de nature à induire en erreur ». Il y a aussi pratique commerciale trompeuse si « compte tenu des limites propres au moyen de communication utilisé et des circonstances qui l'entourent, elle omet, dissimule ou fournit de façon inintelligible, ambiguë ou à contretemps une information substantielle ou lorsqu'elle n'indique pas sa véritable intention commerciale ». Il s'agit par exemple d'un influenceur qui présente un produit en oubliant d'indiquer qu'il perçoit une somme pour vanter les mérites dudit produit. Les néo-gourous de la santé oublient trop souvent de préciser qu'ils sont payés par les sociétés de compléments alimentaires pour parler de leurs produits « miraculeux ».

Au-delà de la pratique commerciale trompeuse existe la pratique commerciale agressive résultant de « sollicitations répétées et insistantes ou de l'usage d'une contrainte physique ou morale » et qu'il présente un risque de vicier le consentement du consommateur.

L'article L. 132-2 du Code la consommation contient les sanctions auxdites infractions. Les pratiques commerciales trompeuses sont punies de deux ans d'emprisonnement et de 300 000 euros et le montant de cette amende peut « être porté, de manière proportionnée aux avantages tirés du délit, à 10 % du chiffre d'affaires moyen annuel, calculé sur les trois derniers chiffres d'affaires annuels connus à la date des faits, ou à 50 % des dépenses engagées pour la réalisation de la publicité ou de la pratique constituant ce délit. Ce taux est porté à 80 % dans le cas des pratiques commerciales trompeuses mentionnées aux b et e du 2° de l'article L. 121-2 lorsqu'elles reposent sur des allégations en matière environnementale ». La loi du 10 mai 2024 a considérablement augmenté les sanctions en cas d'infraction commise en ligne avec une peine de cinq ans d'emprisonnement et 750 000 euros d'amende.

La loi de 2023[73] sur l'influence numérique a assuré une meilleure obligation d'information, notamment en obligeant les influenceurs à indiquer quand ils agissent dans le cadre d'une collaboration commerciale.

Les plateformes numériques Pharos et Thésée mises en place par le ministère de l'Intérieur pour assurer une plainte par Internet et une conservation des preuves sont très utiles pour constituer un dossier.

V. LA SOUMISSION ÉDUCATIVE

Le groupement à dérive sectaire est totalitaire et se pose en tant qu'alternative à l'État. Il est séparatiste par essence et souhaite imposer ses principes comme sociabilité complète. Dès lors, l'école est souvent vue comme néfaste, car elle sort l'enfant du cadre de la vérité sectaire pour lui inculquer des principes généralement décriés et vus comme incompatibles avec le projet sectaire : les principes républicains.

L'école[74] est au cœur de la création du citoyen en instaurant un socle culturel commun ; par définition, elle est libérale et porte atteinte au pouvoir des parents de façonner l'esprit de leur enfant selon leurs convictions religieuses. L'enfant est pris entre les deux et est souvent trop jeune pour pouvoir prendre une décision. Le droit vient résoudre cette question complexe et aujourd'hui centrale.

Il convient d'étudier la notion d'enseignement obligatoire et de son corollaire, l'école en famille, avant de se pencher sur les écoles spécifiques qui sortent de l'enseignement commun.

---

73 Loi nº 2023-451 du 9 juin 2023 visant à encadrer l'influence commerciale et à lutter contre les dérives des influenceurs sur les réseaux sociaux.

74 Un autre vaste sujet, que nous ne traiterons pas, est la formation professionnelle pour adultes et notamment toutes les écoles pour devenir thérapeute…

Les obligations de scolarité : école ou maison

Jules Ferry a rendu en 1882 l'instruction obligatoire et non l'école. Sur la base de cette dichotomie a pu fleurir l'instruction en famille qui a fait l'objet d'une modification profonde avec la loi sur le séparatisme du 21 août 2021.

L'article L. 131-1 du Code de l'éducation dispose ainsi : « L'instruction est obligatoire pour chaque enfant dès l'âge de trois ans et jusqu'à l'âge de seize ans. » Instruction, pas école. L'obligation porte donc sur le fait de soumettre l'enfant à un processus de formation. Il peut se faire à l'école ou à la maison, c'est l'instruction en famille.

Le principe reste donc l'éducation à l'école, mais celle-ci peut se heurter au droit au respect des convictions religieuses et philosophiques des parents. Ainsi, la Convention européenne des droits de l'homme a pu, sur le fondement de l'article 2 du protocole 1, consacrer un droit à l'instruction et le droit pour les parents au respect de leurs convictions religieuses[75]. Cela fait peser sur l'État l'obligation d'une diversité.

L'instruction en famille consiste à instruire son enfant à la maison. Elle n'est pas pour autant libre. Les parents doivent suivre un programme éducatif obligatoire. La question de savoir si le droit pour un parent d'instruire était un droit fondamental a pu être posée à la Cour européenne des droits de l'homme sur le fondement de l'article 8 sur le respect de la vie privée.

La loi de 2022 sur le séparatisme a changé radicalement le régime de l'instruction en famille, notamment pour éviter la déscolarisation des jeunes filles, en la faisant reposer sur un régime d'autorisation préalable. Antérieurement, il ne s'agissait que d'un régime de déclaration. Le ton est donc donné. L'autorisation ne peut être donnée que dans un nombre limité de cas qui sont : l'état de santé de l'enfant ou son handicap, une pratique sportive ou artistique intensive,

[75] Cour européenne des droits de l'homme, arrêt Kjeldsen, Busk Madsen et Pedersen, Danemark, 7 décembre 1976.

l'itinérance familiale ou une situation propre à l'enfant motivant le projet éducatif. La dernière possibilité ratisse large et serait le gouffre d'entrée pour une pratique sectaire. L'autorisation est donnée par le directeur académique des services de l'Éducation nationale. Il s'agit d'une autorisation administrative qui peut donc donner lieu en cas de contestation à des recours administratifs et notamment des référés-libertés.

Un pouvoir de contrôle est donné au maire afin de vérifier que les explications données pour justifier l'éducation en famille sont bien réelles et toujours existantes. L'autorisation ne vaut qu'un an et doit être renouvelée à chaque rentrée scolaire. Le régime est donc devenu relativement restrictif. En effet, la logique est que l'éducation à l'école permet, en outre de la transmission des informations nécessaires, l'éducation du citoyen de demain en inculquant le vivre ensemble dans une société diverse et socialisée. Le risque majeur qui reste est celui de la déscolarisation et notamment des filles.

Le choix de l'établissement scolaire

Certains groupes ésotériques ont développé leurs propres établissements scolaires afin de permettre la diffusion de leurs croyances. Quel cadre pour ces écoles privées ? et les écoles totalement indépendantes ?

En dehors de l'école publique, il existe des écoles sous contrat et des écoles hors contrat. Être sous contrat signifie avoir passé avec l'État un contrat dans le cadre duquel l'école prend des engagements et notamment pédagogiques. Ces établissements peuvent en échange bénéficier d'un soutien financier de l'État. *A contrario*, les écoles hors contrat sont totalement libres et non financées par l'État. Cela ne veut pas dire qu'elles sont hors cadre, elles doivent se soumettre au Code de l'éducation et avoir un programme pédagogique cohérent avec les obligations générales de contenus. Cependant, elles peuvent développer une liberté d'organisation.

Il ne s'agit pas d'un phénomène isolé : d'après certains décomptes, cela représente près de 4 % de la population devant aller à l'école. Un grand nombre d'établissements ne portent que sur l'école maternelle, les contraintes en matière de programme scolaire y étant plus légères. Évidemment, de nombreuses écoles libres ont pour vocation de développer des pédagogies alternatives comme les écoles Montessori et ne relèvent pas d'un programme sectaire.

Il est possible de constituer sa propre école hors contrat. Il convient néanmoins de monter un projet assez lourd administrativement pour prouver que le projet respecte les impératifs du Code de l'éducation et que le directeur de l'école est bien qualifié. Toutefois, il subsiste une grande marge de manœuvre.

Qui décide, en définitive ? Le choix de l'éducation et celui de la religion des enfants relèvent de l'autorité parentale. Il ne s'agit pas d'un choix usuel ; il suppose donc l'accord de l'autre parent. Il n'est donc pas possible pour un parent d'orienter la religion de son enfant en dépit de la protestation de l'autre ou d'obliger une inscription dans un établissement privé religieux. En cas de conflit, le juge peut être appelé pour trancher.

CHAPITRE 4

PARLER À UNE VICTIME DE SUJÉTION PSYCHOLOGIQUE

Travailler avec des victimes de dérives sectaires suppose une certaine prudence. En effet, leur état de conscience est fragile et les éléments linguistiques fixant l'emprise (le discours du gourou fondant la vérité sectaire) ne sont jamais loin. Les victimes peuvent continuer à sentir une forte attraction pour le réseau de croyances, et simplement un dégoût pour le groupe. Par ailleurs, elles ne prendront connaissance de leur préjudice que petit à petit. Il convient donc de ne rien brusquer. Il faut d'abord comprendre que rien ne sert de pousser la personne (I) ; le mieux est de lui parler dès les premiers signes (II), quitte à faire intervenir un médiateur ou un autre professionnel pour organiser la discussion (III).

I. CONSEILS PRATIQUES POUR PARLER À UNE VICTIME D'EMPRISE

En cas de prise avec une dérive sectaire, le premier réflexe est souvent de contester et d'argumenter. Il paraît inconcevable que la victime ne comprenne pas l'absurdité de sa position. Or, il n'en est rien. L'effet sera sans doute au contraire l'exact opposé. Il vaut bien mieux rester constructif et curieux[76] pour maintenir le plus de lien possible.

---

[76] HASSAN Steven, *Combatting Mind Control*, Freedom of Mind Press, Newton, MA, 1re édition, 1988, 391 p.

Un point doit d'emblée être abordé : que signifie être victime ? Être victime suppose d'avoir pris conscience d'un préjudice. Le membre d'un groupement même sectaire et clairement abusif n'est pas *ipso facto* une victime ; au départ, il n'est qu'un adepte. Il ne deviendra victime que quand il prendra conscience, quelquefois bien plus tard, de l'abus. Il n'appartient jamais à la personne qui lui parle de le constituer en qualité de victime en lui exposant les abus subis. Il y a, bien évidemment, une tendance et une envie de jouer les chevaliers blancs chez le membre de la famille qui constate un naufrage sectaire ou chez quelqu'un qui se propose d'offrir de l'aide. Toutefois, faire de l'adepte une victime, s'il n'y a pas une demande directement de l'adepte à ce sujet, a pour effet de causer un traumatisme : en effet, le trauma de l'abus n'existe qu'avec sa prise de conscience. Elle ne peut être provoquée volontairement ou forcée à l'adepte. Elle pourra avoir lieu, mais il n'est pas le rôle de celui qui reçoit l'adepte de cataloguer ce dernier en victime. Pour autant cela ne veut pas dire qu'il ne faut pas communiquer et expliquer. Alors comment faire ?

La ligne rouge : contraindre, remettre en cause

Outre-Atlantique, certains experts antisectes ont cru pouvoir retourner contre les sectes les armes qu'elles utilisent. Ils n'hésitaient pas à séquestrer contre leur gré des adeptes pour tenter un lavage de cerveau, le but étant d'assurer un retour forcé à la raison. Si la pratique de l'*exiting* a compté de nombreuses victoires, son principe autoritaire ne respectait pas la déontologie la plus élémentaire ni le principe cardinal en droit français de la liberté d'opinion. Les auteurs de tels comportements ont souvent été pénalement condamnés pour séquestration et atteinte à la dignité. Ainsi, alors même que la tentation peut être grande, il n'est pas possible de sortir du carcan du droit pour aider une victime ou quelqu'un perçu comme tel. En effet, le droit consacre la liberté de conscience, et cette liberté doit aussi être respectée dans les efforts pour sortir quelqu'un des griffes d'un groupement déviant. Cela ne signifie pas qu'il n'est pas possible d'aider quelqu'un par une discussion organisée par un professionnel, mais toute approche doit fondamentalement être respectueuse du fait que la seule personne en mesure de décider de la suite à donner à son engagement est le croyant lui-même. Personne ne peut imposer son choix sur la conviction intérieure de quelqu'un d'autre.

De manière plus fondamentale, tenter de convaincre quelqu'un de la nécessité de sortir d'un groupe sectaire, par exemple en en dénonçant les croyances, ne fonctionne pas. Cette approche déclenche le plus souvent des réactions psychologiques bien connues des psychothérapeutes que l'on nomme défenses. Si l'on attaque les croyances de quelqu'un, un mécanisme de résistance se met en place dans le sens du renforcement desdites croyances. Cette approche est donc à éviter. Il ne faut pas chercher à convaincre ; car lorsque l'on veut convaincre quelqu'un de quelque chose, *in fine*, on est toujours en train de vouloir lui imposer nos propres croyances. Il faut donc aussi accepter un travail sur soi par lequel on apprend à se garder de vouloir convaincre l'autre de la véracité de nos paroles. Les recherches en sociologie montrent que le phénomène de la croyance est complexe ; il ne repose pas sur une simple incompréhension de la réalité.

Ainsi, la croyance est un bloc identitaire intouchable. La liberté d'opinion interdit de venir directement contrer les croyances. Cela ne serait en réalité d'aucun résultat. Ce n'est pas la croyance l'ennemi, mais le groupement déviant. Ce qui doit être l'objet des discussions est la question concrète de la réalité du groupement, de ses méthodes, de ses contradictions. La question n'est pas de savoir si le gourou est effectivement le frère puîné de Jésus-Christ, mais de se demander s'il se comporte comme tel.

La ligne verte : informer, questionner

Ce qui sort quelqu'un d'un état d'emprise est d'abord l'information et la remise en œuvre de son esprit critique. Il s'agit de donner des éléments à une personne pour qu'elle ait envie de se questionner et de repasser la réalité de la communauté à laquelle elle appartient ou fréquente à un autre crible. La pratique montre néanmoins que la capacité de compréhension et d'acceptation de points de vue extérieurs ne se fait pas rapidement et aisément. Il s'agit d'un processus qui doit être pédagogique, c'est-à-dire qui apporte des informations au bon moment et qui fait réfléchir. Donner trop d'informations trop tôt ne sert à rien et rend surtout le message inaudible.

En outre, une information passe mieux quand un bon rapport existe entre l'émetteur et le récepteur ou que l'émetteur est perçu comme fiable. Il faut alors se demander si l'on est la bonne personne pour communiquer ou si quelqu'un d'autre est mieux placé. Enfin, il faut d'abord s'assurer que le canal de communication existe et fonctionne avant de pouvoir discuter. Autrement dit, les premiers messages doivent d'abord être d'acceptation et de réconfort et d'affirmation du respect de l'autre.

De manière pratique, le meilleur moyen est de s'intéresser et de questionner. En effet, de cette manière-là, on reste respectueux des croyances de l'autre et on peut effectivement comprendre la vision qu'énonce le croyant. Sur cette base, il est possible de poser des questions ou de transmettre de petits éléments qui remettent l'esprit critique en marche. La stratégie de communication est nettement plus importante que le contenu du message. De petits éléments de doute peuvent avoir plus d'impact que beaucoup de mots.

Enfin, il est essentiel de ne pas critiquer le contenu des croyances, qui d'ailleurs n'est pas le socle d'une emprise mentale, même s'il s'agit de l'élément apparent ; le socle est la relation au gourou ou à la gourelle et les abus. Ce qu'il faut questionner et remettre en question est la réalité de la personne : est-elle soignée ? Que fait le gourou de toutes les donations ? N'est-il pas étrange que le gourou ne respecte pas dans sa vie les principes qu'il énonce ? Il faut fournir au croyant une compréhension des mécanismes de l'emprise mentale pour qu'il puisse envisager le rapport toxique qu'il entretient avec le gourou, peu importe le contenu de ses croyances. Il faut rester le plus objectif possible et factuel sans que le débat devienne personnel et positionnel (j'ai raison, tu as tort) et en aucun chercher à imposer une solution ou une directive à l'autre personne.

Le canal de diffusion : le lien affectif

Un lien affectif doit être maintenu avec la victime, car il sera essentiel pour aider l'ex-adepte s'il décide de vouloir sortir du mouvement. Il s'exprime dans tout ce que l'on ne dit pas : le paraverbal.

Maintenir une relation affective avec l'adepte structure l'approche à maintenir. Il s'agit du principe directeur de toute décision. Cela n'est pas évident pour deux raisons : certains groupements vivent en communauté et tentent par tout moyen de rompre les liens avec les membres des familles. Par ailleurs, la présentation de croyances perçues comme insensées rend la communication compliquée. Néanmoins, réussir à trouver une voie de communication pour parler de tout et de rien et sans se focaliser sur l'objet du conflit permet de sauvegarder le lien affectif, qui est essentiel pour une assistance et apporter son aide. En effet, c'est ce lien qui permettra à une personne de reprendre contact, de demander de l'aide en période de difficultés, c'est aussi lui qui permet d'être audible.

Si le lien est rompu, il faut tenter de le reconstruire ; par exemple, en envoyant régulièrement des courriers ou des emails pour donner des nouvelles. L'importance n'est pas tant le contenu (qui doit néanmoins respecter les règles de communication ci-dessus évoquées) que la fréquence des messages. Si la communication est compliquée, il vaut mieux éviter les sujets de discorde que de rompre la relation. En dernière analyse, la seule chose qui compte vraiment est que la victime sache qu'elle peut être écoutée et aidée, afin que le moment venu, elle ait le courage de tendre la main.

Il est essentiel de comprendre qu'un des éléments qui retient une victime dans un groupement sectaire est la diabolisation du monde extérieur par le groupement, qui donne à la victime l'impression qu'à l'extérieur, elle n'a aucune marge de manœuvre. Maintenir une connexion donne la possibilité de vaincre cette peur phobique et de prendre le risque d'un nouveau contact. Les mécanismes anxieux sont particulièrement forts. Il ne sert à rien de les rationaliser ou de tenter de convaincre. Le régime de l'adepte est émotif ; il faut donc maintenir un lien et une communication à ce niveau-là.

Beaucoup de groupements inculquent à leurs membres des mécanismes de blocage de la pensée, par exemple lors de prières ou de chants, quand ils entendent des propos contraires au dogme, voire les entraînent à ne pas réagir à des critiques en les exposant à des discours contestataires et en contrôlant leur réaction.

L'importance du paraverbal

Le revers du lien affectif, que l'on peut nommer techniquement contre-transfert, est qu'il y a une réponse souvent inconsciente de celui qui veut parler, car ce dernier subit ses propres émotions. Ce contre-discours n'apparaît pas forcément dans la parole que l'on peut maîtriser, mais dans l'attitude, les gestes, le ton, le choix des mots. Ces éléments sont cruciaux pour convaincre, mais sont aussi le plus grand des dangers. C'est pour cela qu'il ne faut pas être trop ambitieux sur sa capacité à communiquer et rester prudent, car l'on est bien souvent notre meilleur ennemi.

La communication passe autant par les mots que le paraverbal. Il s'agit d'accompagner par sa gestuelle, par son silence, le message crucial dont on souhaite la transmission : on t'aime malgré tout et on sera toujours là pour toi. Le paraverbal, qui compte pour 80 % du message, est d'évidence le plus complexe à maîtriser, car il s'agit d'abord de la réponse émotionnelle qui peut trahir : le geste réflexe, la voix mal assurée… Il faut faire attention à avoir des gestes lents, à regarder les personnes en face, à se montrer ouvert, à parler avec assurance et chaleur. Un geste peut dire beaucoup de choses.

L'importance du paraverbal fait aussi qu'il est important de savoir se retirer d'une conversation, dire que l'on a besoin de temps, faire intervenir des tiers quand on sent qu'il ne sera pas possible de maîtriser assez nos émotions. L'intervention d'un tiers crée un filtre et assure la distance nécessaire au bon déroulement des discussions. En effet, le tiers, formé, maîtrise ses émotions car il n'est pas directement impliqué dans l'affaire. Il a le recul nécessaire pour assurer que le paraverbal et les émotions ne parasitent pas son message. Car c'est bien toute l'ambiguïté du lien affectif : lui seul permet au message de passer, mais il est aussi le cœur de la communication non maîtrisée en raison de la puissance des émotions qu'il peut entraîner.

II. PREMIERS SIGNES, PREMIERS RÉFLEXES

L'emprise mentale et le processus d'embrigadement dans un mouvement sectaire ou de radicalisation entraînent des changements notables dont il faut suivre les premiers indices. En effet, la conversion est rarement instantanée et la probabilité est plus grande de sortir quelqu'un en début de recrutement qu'en fin de course. Il faut donc savoir analyser les premiers signes, pour adopter les bons réflexes.

Premiers signes

L'emprise mentale est un changement du cadre de référence de l'adepte pour un autre qui est construit et porté par un chef charismatique. Le contrôle sectaire de l'esprit propre à l'emprise mentale passe d'abord par la mise en place chez le recruté de nouveaux comportements afin de contrôler un nouveau réseau de croyances.

Les changements de comportement sont les premiers signes. Ils peuvent être aussi variés que les différents mouvements eux-mêmes ; toutefois, ils répondent à une même logique. Par ces premiers changements, le groupement sectaire a pour objectif de sortir le recruté du giron familial ou amical qui pourrait le dissuader de continuer le chemin de transformation. Il y a donc la demande d'adoption de comportements spécifiques – prescriptions positives – et d'interdictions ou d'éloignement du groupe – prescriptions négatives.

Les prescriptions positives peuvent prendre la forme de pratiques rituéliques, de lectures compulsives d'une certaine littérature, de changements alimentaires ou de comportement. Le vocabulaire va aussi évoluer, car le dogme sectaire fonde ses propres mots ou slogans. L'indice détone d'un changement brutal et profond des habitudes ordinaires de la ligne de base. Il convient, dès qu'une sensation de changement se produit, de noter scrupuleusement les petites différences pour bien confirmer l'intuition.

Les prescriptions négatives proviennent d'une logique phobique. Pour déconnecter la personne en cours de recrutement de sa famille, le groupe sectaire tente d'induire une phobie de ses proches qualifiés de sataniques, d'empêcheurs de tourner en rond, avec une logique que tout ce qui va mal leur est attribuable. Les proches peuvent alors percevoir des marques de rejet, comme un énervement brutal pour quelque chose d'anodin, un repli sur soi, une diminution des contacts avec l'ancien cercle de sociabilité. La famille et les amis sont mis à distance pour favoriser l'émergence d'une bulle autour du recruté.

Derrière ces changements visibles, quelque chose de beaucoup plus fin se joue : un leader charismatique, ou un de ses recruteurs, est en train d'insérer de nombreuses croyances, utilisant des procédés psychologiques généralement bien éprouvés et efficaces, pour modifier radicalement le cadre de référence du futur adepte. Le prisme par lequel les différentes réalités sont appréciées se trouve profondément altéré. Ce changement d'état d'esprit se trahit dans des mouvements de sentiments, l'utilisation d'un vocabulaire qui n'est pas propre à la personne, des attitudes qui ne semblent pas cohérentes avec sa personnalité.

La documentation psychologique montre qu'il y a très souvent, dans le cadre d'un embrigadement, le développement d'une nouvelle personnalité en double de l'ancienne. Elle est plus rigide et présente moins d'expressions et de sentiments ; le regard est plus distant ou vide. Il y a des va-et-vient entre l'ancienne et la nouvelle identité. Les membres de la famille des victimes parlent d'un dédoublement de l'individualité : ils rapportent que « c'est comme s'il y avait deux personnes ».

Face à ses premiers signes, que faire ? Comment réagir ? Il est évident que la situation est délicate et qu'il faut être prudent, car des faux pas peuvent avoir un effet durablement délétère.

Premiers réflexes

Il convient dans un premier temps de chercher à comprendre et d'analyser, puis de parler à des professionnels de l'emprise mentale.

Il est important de prendre le temps et d'acquérir le plus rapidement possible des informations pour comprendre dans quel mouvement la personne est prise : est-ce un culte international de plusieurs milliers de membres ou un petit groupe pris autour d'un pseudo-psychologue ? En effet, en fonction du type d'organisme prédateur, la réponse à adopter pourra varier. Il ne faut pas questionner directement la victime, car cela va activer des mécanismes de défense et surtout, la victime n'en saura jamais rien. Les recruteurs apparaissent le plus souvent sous des masques, via des associations-écrans et ne disent pas leurs intentions directement. Ils ne racontent jamais toute la vérité aux recrutés, car les recruteurs souvent eux-mêmes ne la connaissent pas. Il convient aussi de faire des captures d'écran ou des copies des éléments intéressants, car ils risquent fortement de disparaître et les réseaux sociaux ne seront souvent plus accessibles. L'acquisition de ces éléments pourra être cruciale pour la suite des événements.

La recherche d'informations doit se faire au niveau du groupe de socialisation direct de la victime, mais de manière plus générale, il faut chercher toutes les informations sur le groupe en question. Il peut y avoir des réseaux d'anciennes victimes ou des associations qui travaillent de manière plus spécialisée sur un groupe ou une dérive en particulier. L'adepte est souvent formé au secret et cachera les informations, prospectus, manuels, objets rituels. Il n'est pas rare après une rupture de trouver des caisses et des caisses de documentation cachées dans une cave ou des combles.

Une fois la collecte des données réalisées, il faut prendre attache le plus rapidement possible avec des professionnels pour pouvoir développer la bonne stratégie de communication. En effet, une approche de confrontation ou perçue comme remettant en cause la doctrine aura pour effet un enfermement du converti et sera souvent plus une cause de radicalisation qu'une libération ou une relativisation par le recruté des préceptes du culte.

La prise d'attache professionnelle favorise l'émergence des bons réflexes et une analyse juste des risques. Il convient, notamment quand il y a des enfants, de cerner une possibilité de déplacement non autorisé par l'autre parent.

Dans l'attente de la rencontre avec un professionnel, il faut maintenir une attitude ouverte et collaborative avec la victime afin de garder le plus de contacts personnels dans l'attente de la mise en place d'une bonne attitude. Il faut aussi se montrer très prudent et très attentif pour s'assurer que l'adepte, surtout s'il est mineur, ne fugue pas ou ne parte pas rejoindre la communauté.

Il va sans dire que la temporalité joue un rôle crucial, les recrutements sont généralement assez rapides, il suffit pour des cultes bien rodés d'une à deux semaines pour assurer un début d'enrôlement. Une fois la première étape de conversion réalisée, afin d'obtenir le plus de contrôle, le groupe sectaire tente d'écarter par tout moyen la victime de sa famille et de ses amis. Il est alors particulièrement dur d'intervenir et souvent, il n'est même pas possible de localiser la victime en fugue.

III. LA DISCUSSION ASSISTÉE PAR UN PROFESSIONNEL

Comment réagir et aider une victime du groupe déviant ? Le problème est complexe et la réponse a donné lieu à des dérives, car le domaine de la croyance fait partie d'un intime intouchable, qu'il faut préserver malgré tout. Les premières versions de l'*exiting* ont permis de tirer des leçons et de comprendre ce qui peut être fait en droit français.

Du *deprogramming*…

Le pionnier en la matière est Ted Patrick. Autodidacte, sans aucune formation professionnelle, Ted Patrick a bâti la notion de *deprogramming*. La méthode était assez radicale, car il s'agissait d'une tentative de modifier les croyances d'une personne par des techniques psychologiques intrusives. Il a fait l'objet de deux condamnations pénales aux États-Unis pour séquestration. L'approche coercitive est clairement intenable d'un point de vue juridique et la notion de déprogrammation mentale doit être mise au ban des pratiques que l'on peut accepter dans un état de droit. La porte ouverte par la déprogrammation a permis l'évolution des techniques, d'abord en affirmant le caractère volontaire de la procédure : la personne en bénéficiant doit donner son accord.

Le *deprogramming* a ensuite laissé la place à une approche plus thérapeutique qui a trouvé son meilleur défenseur chez

Steven Hassan. Ce dernier a développé une série de protocoles et de techniques utilisant de nombreux aspects de la psychothérapie. Steven Hassan est formé à la PNL (programmation neurolinguistique) et à l'hypnose ericksonnienne, et il met en œuvre ces techniques afin de favoriser la sortie de l'emprise mentale. En réalité, l'approche est double. D'une part, il donne des informations au bénéficiaire sur ce qu'est une dérive sectaire et l'emprise mentale, et d'autre part, il utilise des outils issus de la psychothérapie pour favoriser le changement de comportement et d'attitude chez l'adepte. En jouant sur l'imaginaire, les états de conscience, les leviers émotionnels, Steven Hassan aide la victime et sa famille à retrouver un lien et à permettre la prise de conscience.

Il a été reproché à cette approche de ne pas être éthique pour la raison suivante : toute technique qui travaille à un niveau inconscient en utilisant des outils de la psychothérapie entraîne des modifications d'attitude et de comportement du bénéficiaire auxquelles il n'a pas forcément consenti. La thérapie doit reposer sur une demande et un consentement de celui qui la reçoit, ce consentement doit être éclairé et donc informé. Or, un tel consentement n'est jamais requis de la part du bénéficiaire de la procédure.

En réaction aux approches du *deprogramming* et du *counseling* de Steven Hassan, une troisième voie s'est ouverte : l'approche pédagogique. On la retrouve chez Rick Ross et Janja Lalich et chez Margaret Singer. L'approche pédagogique postule que le plus important est de donner les informations nécessaires pour éduquer le bénéficiaire de la procédure afin qu'il puisse prendre du recul sur le groupement auquel il appartient et faire le bon choix. Cette approche nous paraît la plus viable et la plus intéressante. Sur un plan éthique, elle est tout à fait en phase avec le droit français. En effet, elle n'impose rien et ne vise aucune manipulation, elle informe. Par ailleurs, comme le rappellent Singer et Ross, la majorité des anciens membres de groupement présentant une dérive sectaire ou des victimes d'emprise mentale font la demande de mieux comprendre ce qui leur est arrivé, avant d'entreprendre une thérapie. Les deux éléments ne sont pas intrinsèquement connectés et nous paraissent devoir être distingués.

Dans la mesure où aucun élément de la pratique ne démontre qu'une approche purement éducative et informative n'est pas nettement moins efficace qu'une procédure intégrant de la psychothérapie, et donc forcément une influence mentale, le principe de précaution impose l'approche non intrusive. Prétendre au bénéficiaire que l'on veut lui permettre de faire le bon choix et éviter d'être manipulé, tout en le manipulant, n'est en réalité qu'un leurre et d'un point de vue éthique et juridique une erreur. L'information transmise ne doit porter que sur les mécanismes de l'emprise mentale de manière générale et théorique et sur leur manifestation pratique dans le groupement sectaire en question. Elle doit reposer sur des éléments sourcés et être présentée de manière neutre et objective.

… à la médiation

L'approche pédagogique permet d'aider la famille et l'adepte à comprendre que seul ce dernier peut prendre la décision de rester ou de quitter le groupe en vertu d'un choix libre et éclairé. Ce processus de discussion peut être animé et garanti par un médiateur.

Le choix est-il libre et éclairé ?

Il est possible de construire une méthode juridique et éthique de médiation de la question religieuse : la vérification du consentement lors d'une réunion familiale d'information facilitée par un médiateur. Le droit nous dit que chaque individu est totalement libre de suivre la religion de son choix et de développer ses croyances. Ce droit est fondamental et est protégé en justice. Il n'appartient pas à la famille ou aux proches de le remettre en question. Comme toute liberté fondamentale, elle appartient à une sphère intime impénétrable, il s'agit d'un choix souverain.

Toutefois, l'exercice de ce choix, pour être juridiquement valide, doit être libre et éclairé. Il s'agit de deux conditions intrinsèques. La seule question que peut poser la famille est : le choix du croyant présente-t-il ces deux éléments ? Un choix libre signifie qu'il n'a pas été pris sous une influence étrangère indue, par exemple par la mise en œuvre de techniques psychologiques ; et un choix éclairé signifie que la personne a bien eu toutes les informations concernant les implications de ce choix.

Dans le cadre de la dérive sectaire, on sait, et c'est bien là tout le problème, que le choix n'est ni libre ni éclairé : aucune secte ne donne toutes les informations la concernant ; des techniques de manipulation et d'ingénierie psychologique sont mises en œuvre pour tromper et arracher le consentement de la victime. On peut même dans une grande mesure concevoir la technique sectaire comme une offre par un gourou de prendre en charge pour la victime l'intégralité de ses décisions sur le fondement d'une doctrine.

D'un point de vue juridique, il appartient à l'adepte et à sa famille de vérifier ce consentement : pour la famille, car si le consentement est libre et éclairé, elle doit le respecter et ne pas tenter de l'influencer, il s'agit d'un choix souverain à respecter ; pour l'adepte, il s'agit de lui donner les moyens, pour que lui et lui seul mette en œuvre un processus de vérification de son consentement. Le but est de permettre à la victime de réactiver son sens critique et de déterminer, dans son intériorité, avec les éléments d'information qui lui sont donnés, si son consentement est bien libre et éclairé. Il y a une volonté de responsabiliser l'adepte sans vouloir décider pour lui, et le laisser faire son choix, qu'il est le seul à pouvoir faire.

Le médiateur et son rôle

Le médiateur a pour objectif d'organiser les débats et d'assurer que les droits des différents participants soient bien respectés. Il est neutre et impartial. Il n'est en aucun cas là pour prendre le parti de la famille ou tenter de convaincre. Il s'agit d'une approche basée sur le droit et la médiation, donc fondamentalement différente de *l'exit counseling*. Le médiateur assure la mise en œuvre du droit et n'est pas là pour défendre les intérêts de la famille. Cela évite le risque premier de *l'exit counseling* ou de l'utilisation d'outils de psychothérapie, car le fait de vouloir agir pour la famille se fait souvent au détriment du libre consentement du bénéficiaire qui en droit doit être protégé de toute influence. L'objectif est simplement d'informer le mieux possible, le plus complètement possible et selon une procédure ayant pour objet que l'information soit comprise, emmagasinée et active pour interroger ses propres croyances et pratiques.

Le médiateur doit s'abstenir de la mise en œuvre de tout procédé psychologique ou de tenter de transformer la réunion en thérapie familiale : l'objectif unique est d'assurer l'information effective, de bonne qualité, dans un cadre serein et dans le cadre d'une conversation construite et organisée pour la rendre la plus effective possible. Du point de vue juridique dans lequel s'inscrit cette procédure, il ne s'agit que de vérifier le consentement et de s'assurer qu'il n'est pas vicié. Il convient de faire confiance et de respecter le droit du bénéficiaire de la réunion de faire son choix.

Toutefois, ces discussions peuvent être complexes, pour la famille qui souffre et ressent souvent de la culpabilité, et pour l'adepte qui a fait l'objet d'un endoctrinement fort l'empêchant de réfléchir. La présence d'un facilitateur formé aux outils de la médiation qui organise et anime la réunion a pour objectif de permettre un garde-fou : éviter que la conversation devienne une confrontation, permettre l'accueil des émotions, maintenir l'attention sur les sujets importants, vérifier qu'il n'y a pas de contrainte chez le bénéficiaire et surtout, qu'aucune technique de manipulation ne vient parasiter le processus.

Le médiateur doit aussi avoir la capacité de poser les bonnes questions, de suivre les interrogations du bénéficiaire de la réunion, de l'impliquer dans la discussion, de le mettre au travail. Le facilitateur doit veiller à rendre vivante la réunion, à utiliser un langage concret et imagé facile à comprendre, et, dans la mesure du possible, à utiliser le langage du bénéficiaire de la réunion et à reprendre les éléments de son univers mental pour lui rendre accessibles, dans un effort pédagogique, les informations.

L'approche de médiateur est donc radicalement distincte du « déprogrammeur » qui travaille pour la famille dans le but d'assurer la sortie de l'adepte d'un groupement. Au contraire, le médiateur est neutre, il ne prend pas position, il donne autant d'importance à la parole des deux parties.

CHAPITRE 5

PROCÉDURE PÉNALE ET EMPRISE MENTALE

Le droit pénal recèle une dimension sociologique évidente. Une friction existe toujours entre le texte d'une incrimination, sa mise en œuvre par le ministère public et sa réalisation dans des jugements. Une infraction doit être comprise et acceptée par de nombreux acteurs pour avoir un effet sur la chaîne judiciaire. L'abus frauduleux de l'état de sujétion psychologique n'a que 24 ans, ce qui est finalement bien jeune pour assurer sa diffusion. La pratique montre qu'il est encore peu compris dans les commissariats : on n'y voit trop souvent qu'une simple affaire de famille. La complexité de l'enquête demande une approche particulière de l'interrogatoire et une connaissance des mécanismes de l'emprise pour construire un procédé d'enquête efficace. L'incapacité de la victime encore sous emprise à porter plainte est aussi un frein et un obstacle. Dans ces conditions, comment aborder la procédure pénale ?

Agir au pénal est souvent l'unique moyen de permettre un sursaut de conscience d'une victime ; mais cela peut aussi avoir l'effet contraire : traumatiser. Pour la victime fraîchement sortie, affronter une procédure judiciaire est insurmontable. Si la procédure pénale classique s'applique à la dérive sectaire, la pratique montre qu'il convient de l'aborder en gardant à l'esprit des spécificités de la dérive sectaire : notamment concernant l'enquête (I) puis le procès (II) avant de se pencher sur les questions de la prescription et la victime co-autrice (III).

I. PORTER PLAINTE

Peu de victimes beaucoup de familles – c'est ce qui ressort de la pratique des associations. Les victimes sous emprise n'ont aucune conscience de l'être et à la sortie de l'emprise, si elle a lieu, le choc est souvent trop lourd pour porter plainte. Pourtant, la procédure pénale est une chance pour les victimes qui, pendant son déroulé et lors des audiences, bénéficient souvent pour la première fois d'un regard critique sur leur vécu. Elle peut aussi être source de traumatisme. Deux questions se posent : comment porter plainte (A) et quelles sont les modalités de l'enquête (B) ?

A. Ouverture des poursuites

Le rôle de la famille est clé ; la plainte émane d'elle dans une écrasante majorité de cas. Elle est la première partie civile, elle s'active pour obtenir l'ouverture d'une enquête. Son énergie est aussi grande que sa souffrance à voir un être aimé s'enfoncer dans le délire sectaire. Par contraste, et en pratique, ses efforts se heurtent à l'absence d'une victime directe qui demande réparation ; même si en théorie, l'action de la famille est permise, en pratique la plainte doit être minutieusement préparée.

La jurisprudence, sur le fondement des articles 2 et 3 du Code de procédure pénale, reconnaît l'existence d'un préjudice propre aux membres de la famille proche d'une victime directe[77]. Ainsi, la Cour de cassation a largement admis l'action des membres de la famille et notamment des frères et sœurs[78]. Dès lors, l'action de la famille est possible et

---

[77] La victime directe désigne la personne qui subit les éléments constitutifs de l'infraction alors que la victime indirecte (aussi dite par ricochet) a subi un préjudice sans pour autant avoir été la victime de l'infraction.

[78] Cour de cassation, chambre criminelle, 27 mai 2009, nº 09-80.023 : « Attendu que, pour déclarer irrecevable la constitution de partie civile de

légitime et la jurisprudence ne fait plus vraiment l'objet d'un débat théorique, même si le ministère public a une nette tendance à classer sans suite ces plaintes.

Les chambres de l'instruction[79] admettent fréquemment la constitution en qualité de partie civile de la famille comme victime directe de l'infraction d'abus frauduleux et non pas simplement comme victime par ricochet. Cette évolution est très favorable aux victimes. Quand bien même la Cour de cassation, à date, n'a pas encore entériné cette pratique, tout laisse à croire qu'elle devrait perdurer.

Porter plainte dans le cadre d'une dérive sectaire suit les mêmes règles que dans le cadre d'une plainte normale. Néanmoins, la complexité des mécanismes psychologiques en cause oblige à réfléchir et à aborder la question avec une certaine intelligence de la matière. En effet, la plainte est souvent portée par la famille, mais aussi quelquefois par la victime qui se trouve généralement dans une situation de grande confusion mentale et est incapable de comprendre ce qui lui est arrivé. La plainte amorce un premier travail avec la victime pour construire du sens autour d'une expérience hors de l'entendement.

Comment porter plainte efficacement ?

Il y a deux façons de porter plainte : soit en se rendant dans un commissariat, soit en écrivant au procureur. La première voie est la plus directe et la plus simple. Elle présente néanmoins le désavantage de devoir expliquer à l'oral à la personne prenant la plainte les éléments d'un dossier qui

---

la demanderesse, l'arrêt énonce qu'est nécessairement indirect pour la sœur de la victime, le préjudice moral résultant de l'atteinte physique ou du trouble psychologique causé par des faits de viols et agressions sexuelles aggravés ; mais attendu qu'en prononçant ainsi, alors qu'à les supposer établies, les infractions poursuivies étaient de nature à causer à la sœur de la victime un préjudice direct et personnel, la chambre de l'instruction a méconnu les textes susvisés et le principe ci-dessus rappelé ; que, dès lors, la cassation est encourue. »

[79] Juridictions d'appel des ordonnances des juges d'instruction.

peuvent être complexes. En pratique, les commissariats locaux n'ont aucune formation en matière sectaire et refusent souvent de prendre la plainte, n'y voyant qu'une « affaire de famille ». Lors du dépôt de plainte, il faut garder le récépissé de la plainte et le numéro du dossier pénal ; cela permettra dans les correspondances postérieures d'y faire référence et de prendre des nouvelles de l'avancée du dossier[80]. Depuis la loi LOPMI de janvier 2023, il est possible pour une victime de se faire accompagner par un avocat au moment du dépôt de la plainte, ce qui permet d'agir avec une plus grande sérénité. Cet accompagnement est souvent bénéfique, car il permet de sensibiliser l'officier de police judiciaire aux caractéristiques de l'abus frauduleux d'une sujétion psychologique et de lui indiquer l'existence de la Miviludes et des services d'enquête spécialisés. En pratique, la plainte doit être portée au plus près du lieu où l'enquête devra avoir lieu, car ce sont ces policiers ou gendarmes qui, dans la pratique, seront sans doute chargés de l'enquête.

La plainte écrite au procureur est généralement plus efficace. Elle permet un travail en amont pour construire une description convaincante de l'infraction. Il existe maintenant certaines procédures mixtes de plainte par écrit avec rendez-vous en gendarmerie ou en commissariat. Une voie n'exclut pas l'autre ; en cas de mauvaise réception devant le commissariat, il est possible d'écrire au procureur ou au procureur général (si un classement sans suite a déjà eu lieu).

Par ailleurs, le travail de rédaction de la plainte est essentiel pour la victime comme processus cathartique. Elle mettra alors pour la première fois des mots sur un vécu et cherchera à décortiquer les ressorts de l'emprise mentale. La pratique

---

80 L'article 85 du Code de procédure pénale oblige à envoyer sa plainte au procureur de la République pour lui demander s'il entend poursuivre les poursuites par LRAR trois mois avant de pouvoir saisir un juge d'instruction. Ce courrier peut servir comme un complément de plainte, qui notifie le procès-verbal d'infraction en ajoutant tout élément utile à la détermination de la décision du procureur.

montre que le travail préparatoire à la plainte, qui nécessite souvent plusieurs rendez-vous, est un moment fort pour la victime et une source de compréhension et d'information. Lors de ces rendez-vous, il est préconisé à l'avocat de décrire en détail les mécanismes psychologiques de l'emprise mentale et des dérives sectaires. Le caractère fortement déstabilisant de la sortie d'emprise rend ce processus lent. Il faut privilégier des rencontres espacées de plusieurs jours. Quel que soit le sort donné à la plainte, ce travail de documentation et de compréhension vaut en lui-même pour la victime.

Si lors du travail préparatoire à la plainte, il est nécessaire de conforter la victime et de lui expliquer son vécu, la rédaction de la plainte doit être juridique et démontrer l'existence matérielle d'infractions. Concernant l'emprise mentale, un exercice particulier de pédagogie est nécessaire pour exposer de manière complète, référence jurisprudentielle à l'appui, le contenu de la loi. Il faut partir du principe que le substitut du procureur et les agents enquêteurs seront probablement confrontés pour la première fois à la question.

La plainte doit être objective et factuelle. Il ne s'agit pas de donner une opinion, de livrer un ressenti, mais de démontrer à un juriste que les faits décrits sont bien ceux de l'infraction et qu'il y a des éléments de preuve disponibles pour justifier l'ouverture d'une enquête. Il est aussi important de bien caractériser le préjudice de la victime. Si celui qui porte plainte n'est pas la victime directe, mais sa famille, il est conseillé de bien rappeler les droits des victimes indirectes à porter plainte. Enfin, il est judicieux de rappeler au procureur l'existence de services d'enquête spécialisés.

D'un point de vue statistique, étant donné le nombre de plaintes annuelles et le nombre de procureurs en France, il faut partir du principe que le procureur décisionnaire n'aura que peu de temps et de ressources cognitives disponibles pour apprécier le dossier. L'effort de clarté, de concision, de précision juridique et de documentation factuelle est dès lors essentiel pour assurer une bonne décision.

Dans le cadre d'une dérive sectaire, étant souvent en présence d'un groupement, il est souvent judicieux de porter plainte contre X. En amont de la plainte, il est avantageux de chercher d'autres victimes pour les constituer en collectif. Cela donne de la force à la plainte et soulage la pression individuelle sur les plaignants.

La plainte disciplinaire contre un professionnel de santé

Les ordres professionnels sont les autorités de poursuite et de jugement de leurs membres. Ainsi, en cas de pratique sectaire par un médecin, il convient de porter plainte devant l'ordre sur le fondement des manquements du praticien à son code déontologique. Cette plainte peut se faire en parallèle de la plainte pénale. La plainte est instruite au niveau régional par un organe disciplinaire composé de pairs pour les médecins. Il existe une chambre disciplinaire de première instance par région avec une formation d'appel qui est la chambre disciplinaire nationale, paritaire entre des magistrats professionnels et des médecins.

La rédaction de plainte suit une technique légèrement différente de la plainte pénale, elle doit être faite par écrit et se présenter en la forme d'une demande d'une victime contre le praticien en énonçant clairement les violations alléguées au Code de la santé publique ou à la déontologie médicale. L'ordre organisera alors une tentative de conciliation avant d'être saisi en qualité d'instance de jugement au premier degré sur le dossier. L'envoi d'un pur courrier pour se plaindre d'un praticien est généralement inefficace, il faut traiter la demande comme on rédigerait une assignation en contentieux civil.

La loi du 10 mai 2024 a facilité l'action des ordres de santé en prévoyant à l'article 11-3 du Code de procédure pénale que le procureur de la République doit informer les ordres nationaux en cas de condamnation même non définitive d'un praticien de santé et également en cas de décision de détention provisoire. Ces mesures d'information devraient assurer une plus grande fluidité dans les actions disciplinaires contre les praticiens de santé. Souvent, une problématique demeure, celle du secret de l'enquête et de l'instruction. Le secret pendant ces procédures fait que les ordres ne disposent souvent pas d'éléments factuels suffisants pour pouvoir prononcer une décision disciplinaire. Il faut attendre (souvent plusieurs années) le jugement et encore, les ordres doivent en être informés.

La visio-plainte

Un dispositif de plainte par visioconférence est en phase de test dans plusieurs départements, avant une extension progressive sur tout le territoire. Il est ouvert pour certaines infractions dont l'escroquerie, l'abus de confiance, le harcèlement, et donc, aux victimes de dérives sectaires. Un rendez-vous est pris sur le site visioplainte.apazee.com, puis une conférence téléphonique est organisée entre un officier de police judiciaire et le plaignant. La plainte pourra être déposée ainsi depuis le cabinet d'un avocat. Le système conjugue un accès direct à un officier de police judiciaire et un espace sécurisé.

Les associations d'aide aux victimes partie civile

L'article 2-17 du Code de procédure pénale permettait à « toute association reconnue d'utilité publique régulièrement déclarée depuis au moins cinq ans à la date des faits [...] à l'occasion d'actes commis par toute personne physique ou morale dans le cadre d'un mouvement ou organisation ayant pour but ou pour effet de créer, de maintenir ou d'exploiter une sujétion psychologique ou physique, [d']exercer les droits reconnus à la partie civile en ce qui concerne les infractions contre l'espèce humaine, d'atteintes volontaires ou involontaires à la vie ou à l'intégrité physique ou psychique de la personne ». La loi du 10 mai 2024 a étendu le champ d'action des associations en donnant cette possibilité à toute association ayant obtenu un agrément du ministère de la Justice. Cet article autorise donc à des associations d'aide aux victimes agréées à porter plainte et donc à participer aux instructions et aux audiences de jugement. Elles peuvent donc venir assister des victimes. De manière plus générale, l'article 40 du Code de procédure pénale permet à tout citoyen de faire des signalements au procureur qui avisera des poursuites à leur donner.

L'article 2-6 du Code de procédure pénale autorise les associations se proposant par ses statuts de combattre les discriminations fondées sur le sexe, sur les mœurs, sur l'orientation sexuelle ou sur l'identité de genre, à exercer les droits des parties civiles dans les affaires de thérapies de conversion et notamment concernant l'infraction visée à l'article 4163-11 du Code de la santé publique.

Agir par un collectif de victimes

Eu égard aux nombres de victimes que font les groupements sectaires, il peut être intéressant de solidariser les victimes par la formation de collectifs. La France ne connaît les actions de groupe que de manière très affadie et n'offre pas de moyens systématiques pour constituer les victimes en classe. Il est possible toutefois d'organiser les victimes au travers d'associations. Ces associations ne seront pas elles-mêmes parties civiles mais elles servent pour organiser la représentation des victimes et partager entre elles plus facilement les frais de procédure.

Dans un nombre de matières très limité, des actions de groupe peuvent avoir lieu, notamment dans le domaine de la santé et de la consommation[81]. L'action de groupe passe par la constitution d'une association agréée par le ministère de la Justice ou par un syndicat (pour les questions sociales). En pratique, la complexité du régime les rend peu fonctionnelles et les outils modernes de bureautique permettent de gérer un

---

[81] Loi n° 2016-1547 du 18 novembre 2016 de modernisation de la justice du XXIe siècle, amendée par la loi n° 2018-1021 du 23 novembre 2018 portant évolution du logement, de l'aménagement et du numérique.

contentieux avec de nombreux demandeurs de manière plus souple. Il est possible, et souhaitable, que le gouvernement se saisisse de la directive du 25 novembre 2020, récemment entrée en vigueur, pour améliorer le régime juridique français des actions de groupe[82].

Un point de vigilance : les victimes d'un groupement sectaires sont un public divers : plus ou moins endoctrinées, plus ou moins co-autrices de la sujétion psychologique. L'approche par groupement est utile, mais il faut se méfier d'une instrumentalisation de l'avocat par un meneur de groupement intéressé, voire toujours en lien avec le gourou.

Exceptions au secret médical

La loi du 30 juillet 2020[83] permet aux professionnels de santé de déroger au secret professionnel lorsqu'ils estiment en conscience que la victime se trouve en situation de danger immédiat et d'emprise par une modification de l'article 226-14 du Code pénal qui précise que le secret médical ne s'applique pas : « 3° Au médecin ou à tout autre professionnel de santé qui porte à la connaissance du procureur de la République une information relative à des violences exercées au sein du couple relevant de l'article 132-80 du présent code, lorsqu'il estime en conscience que ces violences mettent la vie de la victime majeure en danger immédiat et que celle-ci n'est pas en mesure de se protéger en raison de la contrainte morale résultant de l'emprise exercée par l'auteur des violences. Le médecin ou le professionnel de santé doit s'efforcer d'obtenir l'accord de la victime majeure ; en cas d'impossibilité d'obtenir cet accord, il doit l'informer du signalement fait au procureur de la République. » La rédaction reste restrictive à

[82] Directive (UE) 2020/1828 du Parlement européen et du Conseil du 25 novembre 2020 relative aux actions représentatives visant à protéger les intérêts collectifs des consommateurs et abrogeant la directive 2009/22/C.

[83] Voir l'article 12 de la loi nº 2020-936 du 30 juillet 2020 visant à protéger les victimes de violences conjugales.

la violence intrafamiliale. Il serait opportun d'étendre ce texte à toutes les formes d'emprise.

La loi du 10 mai 2024 a modifié l'article 226-24 du Code pénal et rend inopposable l'obligation au secret médical « au médecin ou à tout autre professionnel de santé qui, avec l'accord de la victime, porte à la connaissance du procureur de la République des informations relatives à des faits de placement, de maintien ou d'abus frauduleux d'une personne dans un état de sujétion psychologique ou physique, au sens de l'article 223-15-3 du présent code, lorsqu'il estime en conscience que cette sujétion a pour effet de causer une altération grave de sa santé physique ou mentale ou de conduire cette personne à un acte ou à une abstention qui lui sont gravement préjudiciables. Lorsque la victime est un mineur ou une personne qui n'est pas en mesure de se protéger en raison de son âge ou de son incapacité physique ou psychique, son accord n'est pas nécessaire. En cas d'impossibilité d'obtenir l'accord de la victime, le médecin ou le professionnel de santé doit l'informer du signalement fait au procureur de la République ». Cet article présente une utilité dans les dossiers où une mesure de curatelle est pertinente et où il est nécessaire de passer par le procureur pour qu'il ordonne l'expertise requise.

B. L'enquête

L'enquête pénale dans le cadre d'une dérive sectaire doit être conduite par des agents formés. En effet, la lecture des dossiers d'enquête montre l'importance de la technique d'interrogatoire pour faire surgir la relation d'emprise. Par ailleurs, les agents non formés ont une tendance très forte à refermer le dossier dès la prise de contact téléphonique avec la victime à la constatation que celle-ci déclare être consentante et protectrice du groupement. Cela est un mécanisme de réaction qui puise sa source directement dans la sujétion psychologique. La méprise des services enquêteurs est un frein. Or, la France bénéficie de services d'enquête spécialement formés.

Les services spécialisés d'enquête

Dérives sectaires. Certaines équipes sont spécialisées au sein des forces de l'ordre, ce qui permet une compréhension plus fine des sujets. Il y a même des groupes d'enquête consacrés aux dérives sectaires comme la CAIMADES (Cellule d'assistance et d'intervention en matière de dérives sectaires) au sein de la Direction centrale de la police judiciaire (DCPJ), sous l'autorité de l'Office central pour la répression des violences aux personnes (OCRVP). Au niveau de la gendarmerie, l'OCLAESP est le point d'entrée des dossiers de dérives sectaires avec des équipes formées pour traiter et comprendre cette criminalité. Dans la mesure du possible, il convient d'aiguiller vers le bon service d'enquête. Il existe aussi des référents « dérives sectaires » au sein de la gendarmerie et au niveau des différentes régions.

Il convient donc d'être bien vigilant à qui suit et instruit l'affaire. La pratique montre que des services d'enquête sans sensibilisation au sujet de la dérive sectaire sont souvent incapables de bien comprendre les mécanismes en jeu. L'aiguillage vers un service de répression des violences faites aux personnes et si possible à un service spécialisé est crucial.

Santé. L'article 706-2 du Code de procédure pénale et son décret[84] d'application créent deux pôles de compétence en matière de poursuite et d'instruction dans le domaine de la santé à Paris (pour le nord de la France) et à Marseille (pour le sud de la France). Dans le cadre d'une pratique illégale de la médecine ou de thérapeutes déviants, de commercialisation de remèdes miracles, il est possible de directement les saisir. Les procureurs et juges d'instruction de ces pôles ont développé des compétences particulières en matière de délinquance thérapeutique.

---

[84] Décret n° 2002-599 du 22 avril 2002.

Aiguiller le juge d'instruction

Les juges d'instruction viennent compléter le dispositif d'enquête. Ils sont saisis par réquisition du procureur ou directement par une partie civile en cas de décision de classement sans suite. Les juges d'instruction sont des organes d'enquête ; ils travaillent avec les services de police et de gendarmerie. Ils montent le dossier pénal à charge et à décharge. Dans le cadre d'une instruction, les droits des parties sont plus importants, notamment en ce qui concerne des demandes de pièces ou de mesures d'enquête. Les cabinets d'instruction peuvent être organisés par thématiques dans les grandes juridictions. Le juge d'instruction est un magistrat du siège. Il agit de manière impartiale. À la fin de son enquête, il rend une ordonnance avec ses constatations et le résultat de son enquête.

La possibilité de demander des mesures d'instruction au juge permet d'aiguiller l'enquête dans la bonne direction. Parmi les mesures essentielles, une requête aux fins d'intervention d'un psychologue expert ou d'un psychiatre pour caractériser le processus psychologique d'emprise est nécessaire. En effet, une des grandes difficultés des enquêtes concernant l'emprise mentale et la dérive sectaire est l'apparence de consentement de la victime, qui, si questionnée sans l'intervention d'un psychologue ou d'un officier formé, confirmera son adhésion au mouvement.

Lors de l'instruction, la demande d'expertise psychologique est cruciale. Or, il y a une grande différence de qualité entre une expertise faite par l'expert ordinaire du tribunal et l'expertise d'un psychiatre ou psychologue versé sur la question. Il est recommandé de faire une proposition à la juridiction. En effet, une expertise, pour être intéressante, doit permettre de qualifier l'emprise mentale en suivant les critères classiques.

Les premières mesures de protection

En application de l'article 10-5 du Code de procédure pénale, les victimes doivent dès que possible faire l'objet d'une évaluation personnalisée afin de déterminer des mesures de protection possibles. Ces mesures de protection sont opportunes pour assurer une distance, par exemple par une interdiction de prise de contact avec le groupement sectaire.

Les techniques spéciales d'enquête

Depuis la loi LOPMI de janvier 2023, les techniques spéciales d'enquête concernant la bande organisée peuvent être utilisées dans le cadre des enquêtes pour abus frauduleux d'état de sujétion psychologique en bande organisée. Cela devrait donc permettre de pénétrer la bulle sectaire. En effet, le caractère souvent communautaire et enfermé dans un espace clos complexifie la recherche d'éléments de preuve. Les techniques spéciales d'enquête qui incluent les saisies de communication à distance, les infiltrations, devraient donner aux services spécialisés plus de moyens d'action.

Parmi les techniques spéciales d'enquête particulièrement utiles pour pénétrer à l'intérieur de l'enceinte sectaire, qui généralement construit son espace autour du secret, avec des niveaux d'adeptes ayant accès à des informations différentes et rendant l'enquête particulièrement délicate, existent la possibilité de l'interception de correspondances émises par la voie des communications électroniques (article 706-95-20 du Code de procédure pénale), la sonorisation de lieux ou la fixation d'images (articles 706-96 à 706-98), la captation de données informatiques (article 706-102-1). Ces techniques devraient permettre, en sus des écoutes téléphoniques déjà largement utilisées, de faciliter la réunion des preuves et d'agir contre les chefs des groupes les plus structurés.

II. LE PROCÈS PÉNAL

L'audience pénale est d'abord un moment de vérité pour la victime (A) avant d'être l'endroit où elle peut formuler des demandes de réparation (B).

A. L'intérêt général

Comprendre ce que doit être l'audience pour une victime de dérive sectaire est la clé pour permettre aux conseils d'être efficaces. Courant récent et tout à fait intéressant, la justice restaurative peut, dans certains cas, présenter un intérêt pour la matière sectaire, mais elle reste à utiliser avec prudence.

L'audience est-elle un moment de vérité ou de vengeance ?

Le tribunal correctionnel, composé de magistrats de carrière, juge les délits[85] dans des formations à un ou trois juges. Le président de la juridiction étudie en amont le dossier et présente l'affaire ; puis il pose des questions au prévenu et à la partie civile pour éclairer les faits. Les avocats des différentes parties peuvent en faire autant, ainsi que le procureur. L'audience est généralement plus rapide que lors d'un procès d'assises. La cour d'assises juge des crimes (dans le cas de dérives sectaires généralement en cas de viol) avec un jury populaire qui participe à la décision de condamnation ou d'acquittement.

L'audience pénale est d'abord un moment de vérité. Les parties prenantes sont interrogées, la parole circule, les acteurs du drame exposent leur version des faits, une conviction intérieure se forme petit à petit dans la conscience des juges et des observateurs. Pour la victime, entendre ces éléments, présente une chance et un risque : être déniée dans son

---

85 Les dérives sectaires passent assez rarement en assises, hormis quand une qualification de viol est retenue.

histoire, ne pas avoir eu son moment de vérité. Il ne sert à rien pour l'avocat de la partie civile de vouloir d'abord une condamnation, c'est le rôle du procureur ; mais bien plus, il nous semble, son rôle est d'alimenter ce discours à plusieurs voix pour qu'une certaine vérité jaillisse.

Quel rôle tenir pour l'avocat de la victime ?

Le rôle de l'avocat de la partie civile victime est donc central. Il doit, par ses questions, permettre à la victime de parler de son préjudice et de son ressenti. En effet, les enquêteurs ne s'intéressent que marginalement à la souffrance de la victime. Ils se concentrent sur les faits et les éléments de l'incrimination ; leur objectif est la condamnation du prévenu, pas la revendication des droits lésés. Amener une victime à parler calmement et de manière cohérente suppose un travail propitiatoire. Bien souvent, elle n'a pas accès à son propre traumatisme. Elle ne voit son histoire que de loin et de manière fragmentée. Tout cela ne lui appartient pas vraiment. Elle doit le reconquérir. Il faut, sans la brusquer, l'amener à prendre conscience de ce qu'elle a vécu. La pratique de l'écoute active, c'est-à-dire écouter en reformulant et en relançant avec des questions ouvertes, pour étayer l'introspection de la victime, est utile.

Par ailleurs, les interrogatoires, notamment de première comparution, et lors de l'audience correctionnelle (ou en cour d'assises) sont, par les questions du juge et de son avocat, un moment précieux pour permettre à la victime de revivre différemment et de donner du sens à son expérience passée. L'avocat de la partie civile ne doit pas questionner en se demandant ce que le juge va entendre pour asseoir sa décision (le procureur posera ces questions), mais doit viser ce que son client a besoin d'entendre pour pouvoir finaliser son travail personnel de distanciation par rapport aux croyances. Les questions pertinentes sont alors toutes celles qui vont permettre de mettre en porte-à-faux les croyances et les comportements, les affirmations du dogme et la vie du groupe. Chaque dissonance a pour effet de laisser des graines dans l'esprit des auditeurs. Dans l'auditoire, toute une série de victimes, dont l'embrigadement est plus ou moins fort, sont présentes. Il s'agit donc d'une occasion très précieuse, surtout avec le caractère solennel de l'audience, de faire jaillir des éléments de vérité, qui seront compris et assimilés par les différents témoins. C'est bien à cet effet que l'avocat doit œuvrer. D'un point de vue statistique, un nombre conséquent de victimes de dérives sectaires, une fois sorties d'un premier groupe, retournent dans un nouveau groupe. La sortie doit être bien faite, avec une cautérisation. L'audience est le moment pour cela.

La justice restaurative

La justice restaurative utilise le droit comme un outil curatif. Le rôle du système judiciaire n'est pas simplement de trancher un litige ; c'est un moment de reconstruction du sens là où l'infraction a fait rupture et a donc causé un traumatisme. La justice pénale doit avoir un effet cicatrisant pour la victime, voire pour l'auteur, en retissant un lien d'humanité oblitéré par l'acte délictuel. Dans le cadre des dérives sectaires, on comprend que l'affect psychologique ne sera pas vidé par une simple mesure indemnitaire : la première demande de la victime est de comprendre et de trouver un sens à un passé qu'elle va devoir reconstruire sur une nouvelle trame interprétative.

Entré dans le Code de procédure pénale par une loi de 2007[86], l'article 10-1 dispose qu'une telle mesure peut intervenir à toute étape de la procédure et que « constitue une mesure de justice restaurative toute mesure permettant à une victime ainsi qu'à l'auteur d'une infraction de participer activement à la résolution des difficultés résultant de l'infraction, et notamment à la réparation des préjudices de toute nature résultant de sa commission ». Concrètement, une

---

[86] Loi n° 2014-896 du 15 août 2014 relative à l'individualisation des peines et renforçant l'efficacité des sanctions pénales.

mesure de justice restaurative peut être une médiation entre l'auteur et la victime.

À titre de clarification, une mesure de justice restaurative est à proscrire entre le gourou et la victime d'un abus frauduleux. La personnalité généralement narcissique des gourous en fait rarement des candidats à la rédemption et le risque de retour de la manipulation est très grand. Certes, la confrontation de la victime et du gourou peut permettre une prise de conscience *in situ* des techniques de manipulation et permettre ainsi un effet curateur : la prise de conscience d'un processus inconscient permet de le combattre efficacement[87]. Toutefois, cela relève de la gestion de la procédure pénale et non d'une mesure de justice restaurative.

La justice restaurative aura plus d'impact sur les victimes co-autrices ou dans une position entre les deux. Il ne s'agit pas du gourou, mais de son premier ou second cercle. L'utilité est particulièrement forte pour une personne encore sous influence et prise dans une procédure pénale. Une mesure de médiation pénale peut permettre à cette victime de reprendre contact avec des membres de sa famille et d'amorcer un travail psychologique de prise de conscience. Cela peut aussi lui permettre de réhumaniser une personne prise dans un réseau sectaire. Il y a là un outil à prendre en considération dans la gestion des dossiers.

En effet, les littératures en sociologie et en psychologie[88] montrent que le processus de désengagement se construit sur une série de doutes consolidés par un savoir formel sur la question. L'adepte ne comprend pas les ressorts du groupement ni ne possède les connaissances complètes sur ce dernier. Il vit dans une bulle informationnelle restreinte. La

---

87 Il fait partie des outils de la psychothérapie comportementale et cognitive de remettre le patient en contact avec l'élément phobique après le traitement pour montrer que la réaction inconsciente de panique a été désactivée.

88 SAUVAYRE Romy, *Croire à l'incroyable – Anciens et nouveaux adeptes*, PUF, Paris, 2012, 407 p.

procédure pénale, notamment par la justice restaurative, peut être le moyen, en douceur, pour la famille, d'apporter sans tenter de convaincre les informations requises et surtout, de reconstruire un pont avec la victime. Il y a, particulièrement en début de procédure, un vrai levier pour permettre à la victime de gagner les informations nécessaires à sa remise en question du groupement.

Activer le levier de la médiation pénale pourra dans certains cas permettre d'entamer un processus de désengagement sectaire de la victime complice et lui permettre une prise de conscience qui l'aidera aussi dans son chemin judiciaire et notamment dans sa capacité à grandir de la procédure et à montrer sa compréhension aux juges pour obtenir un juste verdict.

La posture de l'avocat dans des dérives sectaires

Dans le cadre d'un procès pénal d'abus frauduleux sectaire, le rôle de l'avocat de la partie civile est complexe, car s'il doit se contenter des intérêts civils, c'est-à-dire faire les demandes indemnitaires, il joue aussi un rôle essentiel de filtre entre l'audience et la victime. L'avocat de la partie civile expose les mécanismes de l'emprise mentale et relate le récit de la victime. L'auditoire est tout autant la juridiction, que tous les témoins, les prévenus et les parties civiles, voire leurs avocats. Le procureur n'aura pas nécessairement dans son réquisitoire à entrer dans les détails des mécanismes psychologiques de l'emprise. Par les informations que l'avocat livre, il éclaire les juges et traduit, en une réalité compréhensible pour la victime, la procédure, et habille en droit son parcours intime. Le procès pénal n'est qu'une réaction de la société pour réprimer un comportement contraire à l'ordre public, il ne vise pas la réparation de la victime en premier lieu. La procédure produit un effet d'abstraction et d'exclusion de la victime au profit du prévenu au centre des débats ; cela génère de la souffrance et de l'incompréhension. En théorie, l'avocat de la partie civile quantifie le préjudice subi et soumet des demandes de protection ; en pratique, il permet à la victime d'entendre sa propre histoire, de faire valoir sa voix dans un discours qui lui soit audible, qui est son moment de vérité, recélant une valeur pédagogique et thérapeutique. Sa plaidoirie a la fonction phatique d'être l'écho d'un discours indicible pour une victime muette par l'énormité de son vécu. Lui seul incarne ce rôle salutaire pour la soulager d'une fascination qui a pénétré les profondeurs les plus intimes de sa psyché.

B. Les intérêts civils

La victime d'un groupement déviant, en se portant partie civile lors du procès pénal, soumet des demandes indemnitaires et de protection. Le préjudice résultant d'une dérive sectaire est souvent mal compris. La tentation serait de dire : cette personne a fait de mauvais choix, mais c'est la vie. Non, ces choix n'ont pour cause que l'emprise mentale, ils sont dictés par un auteur intéressé, et ouvrent droit à réparation.

La victime d'un groupement déviant peut se porter partie civile lors d'un procès pénal, ce qui lui permettra de faire des demandes indemnitaires et de protection. Derrière ces demandes et droits classiques, le domaine de la dérive sectaire et de l'emprise mentale oblige l'avocat des victimes à faire montre d'une expertise particulière dans la formulation de ses prétentions, mais aussi dans l'accompagnement des victimes.

La victime jouit d'une option entre se porter partie civile ou agir directement au civil ; concrètement la différence réside dans le régime de la preuve. En matière civile, la victime, demandeur, assume la charge de la preuve, qui doit être certaine ; la barre probatoire est haute. En procédure pénale, la preuve du délit incombe au procureur et le juge estime les preuves selon son intime conviction ; le standard est donc plus libre. C'est pour cela qu'il est généralement plus prudent de greffer les intérêts civils à la procédure pénale.

Que demander au juge ?

La victime obtient une indemnisation et peut demander des mesures de protection.

Tous les préjudices sont réparables, qu'ils soient financiers (montant d'argent détourné), moraux (la souffrance subie), psychologiques ou même corporels. Ils peuvent être significatifs lors d'un détournement d'un traitement médical ou encore d'agression sexuelle.

Préjudice financier. Les préjudices financiers suivent une logique comptable et concernent les montants donnés ou prélevés par les groupements déviants et les gains non perçus (par exemple en cas de démission d'un emploi). Les groupements sectaires activent fréquemment le levier de l'emprunt pour augmenter les sommes extorquées à leurs adhérents. Lors de l'instruction, il convient de demander des exploitations de comptes bancaires.

Préjudice corporel et moral. En pratique, les jugements attribuent des sommes forfaitaires, généralement sans justifications très claires, de quelques dizaines de milliers d'euros. Dans des cas plus lourds, il peut être nécessaire de passer par une expertise psychiatrique en raison de la difficulté à évaluer le préjudice et notamment les coûts de psychothérapie. En effet, en l'absence de demande d'expertise judiciaire, selon la grille Dintilhac, les tribunaux tendent à octroyer une indemnisation forfaitaire faible. La demande d'expertise n'est pas de droit ; elle doit être demandée et justifiée – le tribunal la rejettera s'il pense disposer dans le dossier d'instruction de suffisamment d'informations. Les demandes d'actes de la partie civile aux fins de justifier son préjudice sont donc particulièrement importantes. Il revient à l'avocat de la partie civile de démontrer au tribunal la complexité du préjudice psychique et surtout, les impacts financiers que cela génère. Si le juge autorise l'expertise, le demandeur doit avancer les frais d'expertise en payant une provision qui sera la condition d'ouverture de la procédure d'expertise médicale. Lors de l'expertise, il appartient à l'avocat d'accompagner et d'expliquer le processus à son client en position de faiblesse. En cas de violences sexuelles, une telle expertise est particulièrement importante. Évidemment, il faut garder à l'esprit que la procédure d'expertise est éprouvante pour une victime qui peut vouloir tourner la page. Un travail de pédagogie est donc nécessaire avec la victime pour l'accompagner dans son choix.

Enfin, dans les préjudices fréquents et particulièrement complexes à travailler, on trouve les préjudices liés à l'absence de soin qui arrivent souvent dans les groupements déviants qui réfutent la médecine scientifique et qui privent de soins nécessaires par exemple une personne atteinte d'un cancer pouvant gravement mettre en jeu son pronostic vital.

Les victimes ont souvent du mal à bien comprendre ce qui est une source de préjudice. Il appartient à l'avocat de questionner en profondeur les différents aspects possibles afin d'obtenir les bonnes informations. Les questions d'abus sexuels sont d'évidence particulièrement complexes à aborder et supposent de l'avocat un travail important de création d'une relation de confiance permettant à la victime de parler.

La loi du 10 mai 2024 devrait faciliter l'indemnisation des victimes grâce à la nouvelle infraction de mise en état de sujétion psychologique (article 223-15-3 alinéa 1 du Code pénal). En effet, cette dernière établit un lien direct entre la sujétion psychologique et le dommage. Cette proximité causale facilite le travail probatoire. La mesure de la réparation est alors la remise dans l'état antérieur à la sujétion psychologique, ce qui est plus large que la réparation des conséquences dommageables d'un abus de sujétion psychologique : l'abus fixant un seuil à démontrer et sous lequel il n'y a pas d'infraction.

Le fonds de garantie des victimes d'infraction

Si les auteurs d'une infraction sont impécunieux, il est possible de soumettre une demande d'indemnisation à un fonds de garantie. Il s'agit du fonds de garantie des victimes.

Le fonds intervient via deux services : la Caisse d'indemnisation des victimes d'infractions (CIVI) et le Service d'aide au recouvrement des victimes d'infractions (SARVI), sur le fondement des articles 706-3 et 706-14 du Code de procédure pénale.

La CIVI indemnise les infractions en cas de présence de trois conditions cumulatives : (1.) Nationalité française ou réalisation des faits sur le territoire français. (2.) Les infractions concernées sont les suivantes : agression sexuelle, viol, proxénétisme, traite des êtres humains ou, plus généralement, les infractions ayant entraîné plus d'un mois d'incapacité de travail. (3.) Que ces atteintes n'entrent pas dans le champ d'indemnisation d'un autre fonds de garantie ou d'une assurance obligatoire.

Elle permet aussi une indemnisation plafonnée pour les victimes de violence de moins de 16 ans avec 8 jours d'interruption temporaire de travail, pour les mineurs entre 16 et 18 ans avec certaines circonstances aggravantes et pour les violences sur conjoint ayant entraîné 8 jours d'interruption temporaire de travail. Elle indemnise aussi dans des conditions relativement restrictives les victimes de violence physique ou psychologique ayant entraîné moins d'un mois d'ITT, les préjudices matériels de vol, escroquerie, abus de confiance, extorsion de fonds, dégradation de bien ou les préjudices d'abus frauduleux de sujétion psychologique, chantages, traitements de données pour les personnes ayant des revenus inférieurs au plafond de l'aide juridictionnelle et pour un maximum en 2024 de 4.767 euros.

La procédure devant la CIVI n'est pas dépendante de la condamnation pénale de l'auteur de l'infraction. La demande d'indemnisation est étudiée par la commission d'indemnisation de la CIVI près de chaque tribunal judiciaire. La CIVI fonctionne comme une juridiction de premier ressort. À titre de forclusion, la demande d'indemnisation doit être faite dans les 3 ans suivant l'infraction. Ce délai est augmenté en cas de poursuite pénale à 1 an après la décision statuant de manière définitive sur l'action publique. À la suite de la présentation de la demande par la victime, la CIVI est tenue de faire une proposition d'indemnisation dans un délai de 2 mois ou de refuser de manière motivée. En cas de refus de l'offre par la victime, une procédure d'instruction est mise en place avant qu'une formation de jugement ne tranche la question de l'indemnisation.

Il est possible à la victime de solliciter cette indemnisation avant le jugement pénal qui, en raison du travail lent de recherche de la vérité, peut décaler de manière indue une indemnisation nécessaire pour assurer la sortie d'une victime d'une dérive sectaire et l'aider à se relever de ses abus. En effet, la CIVI n'est pas obligée de sursoir à statuer en présence d'une action pénale contrairement au principe que le pénal tient le civil en l'état. Il est toutefois possible à la victime de demander que la CIVI sursoie à statuer en attente de la décision pénale.

La CIVI, après avoir pris une décision d'indemnisation, est subrogée au droit de la victime pour demander réparation à l'auteur de l'infraction.

Pour les préjudices qui ne sont pas pris en charge par la CIVI, il est possible de se tourner vers le Service d'aide au recouvrement des victimes d'infraction (SARVI). Contrairement à la CIVI qui fonctionne en partie de manière indépendante de la procédure pénale, la SARVI intervient pour les indemnisations n'ayant pas fait l'objet d'un paiement volontaire dans un délai de 2 mois de la décision.

La SARVI[89] verse à la prise en charge une somme de 30 % des montants avec un minimum de 1 000 euros et un maximum de 3 000 euros puis se charge de récupérer les sommes auprès du condamné avec intérêts de retard pour ensuite assurer un complément d'indemnisation aux victimes.

[89] En application des articles 706-15-1 et suivants du Code de procédure pénale et L. 422-7 et suivants du Code des assurances.

Définir le préjudice moral

Un travail important de l'avocat ou de l'association qui accompagne une victime de dérive sectaire est d'aider la victime à prendre conscience de son préjudice. Cela sera essentiel afin de pouvoir l'exposer lors de l'enquête et chercher à obtenir réparation. La tâche est souvent complexe, car la construction de ce préjudice exige de la victime un regard sans fard sur son passé pour réussir à prendre conscience de ce que son adhésion sectaire a eu comme conséquences psychologiques. En fonction de la victime, de son état, il convient d'être très prudent dans le cadre de ce travail et de le faire le cas échéant avec un psychologue. La reconstruction du traumatisme est quelque chose de très sensible qui se fait sur la ligne du déni et qui peut avoir des conséquences psychologiques importantes pour la victime. Ce travail doit se faire en suivant le rythme de cette dernière et sa volonté.

Les mesures de protection

Une des fonctions majeures du jugement pénal dans sa conception moderne n'est pas simplement de punir, mais de mettre en place des mesures de protection. Celles-ci sont très importantes pour assurer une distanciation sociale entre le gourou et ses victimes. Le risque est toujours une résurgence de l'emprise. Ces mesures interviennent notamment par une décision de contrôle judiciaire et ensuite dans le jugement dont le dispositif peut inclure des mesures d'éloignement ou d'interdiction de contact.

III. QUESTIONS DIVERSES

Une question très classique est celle du statut pénal de la victime de l'emprise mentale qui participe à la réalisation d'une infraction pénale (A). Par ailleurs, la question de la prescription est essentielle. L'abus frauduleux d'état de sujétion psychologique n'est perçu qu'après et la victime a besoin de nombreuses années pour reconstruire son identité psychologique, ce qui rend difficile le dépôt de plainte à bref délai (B).

A. La victime co-autrice

Question fréquente et délicate : quelle est la responsabilité pénale de la victime co-autrice d'une infraction ? L'emprise mentale ayant pour effet d'assujettir la volonté de la victime, la victime d'un abus frauduleux peut-elle être co-autrice et donc pénalement responsable d'infractions commises dans la sujétion sectaire ? Clairement, la question divise et ne fait pas l'objet d'une réponse tranchée : il convient de bien comprendre les termes du problème et les solutions possibles.

La question est celle de l'adhésion intentionnelle des membres du groupement à ce qu'il fait. Prenons un exemple : un groupement sectaire recrute des membres pour satisfaire les besoins sexuels du gourou. Les pourvoyeuses agissent dans la conviction que le gourou est sous commandement divin. Sont-elles responsables pour complicité des violences sexuelles ? D'un côté on comprend que la sujétion psychologique obère leur libre arbitre, d'un autre côté, il est difficile de poser comme principe leur impunité. Les auteurs et la jurisprudence abordent souvent la question par analogie aux solutions retenues dans le cadre du trafic de stupéfiants, lorsque les trafiquants obligent par la menace à coopérer à leurs méfaits. Cependant, peut-on mettre sur le même plan un groupe d'adeptes convaincus qu'un leader possède la vérité et un clan mafieux ? La différence dans l'engagement des membres paraît criante. Le processus de recrutement vise à rendre servile l'adepte. Pour autant, supprimer toute intentionnalité des membres d'un groupement entraîne une impunité incompréhensible. Pour forcer le trait, prenons un groupe terroriste endoctriné et radicalisé : peut-on accepter l'impunité de ses membres ?

La loi LOPMI du 24 janvier 2023 a ajouté à l'article 223-25-2 du Code pénal que « lorsque l'infraction [d'abus frauduleux] est commise en bande organisée par les membres d'un groupement qui poursuit des activités ayant pour but ou pour effet de créer, de maintenir ou d'exploiter la sujétion psychologique ou physique des personnes qui participent à ces activités, les peines sont portées à sept ans d'emprisonnement et à un million d'euros d'amende ». Est-ce l'indication que le législateur avance vers un alignement de la logique sectaire avec celle de la bande organisée ?

Cette notion a été forgée pour le grand banditisme et la traite d'êtres humains, autour d'une action commune criminelle. Les différents membres agissent ensemble en vue de créer un abus frauduleux. Cette notion, très neuve pour notre sujet, nous paraît complexe dans sa mise en pratique. Elle ne prend pas le temps de réfléchir sur le critère de la participation. Dans le cadre d'une emprise mentale forte, la victime perd tout sens de la réalité autre que celle promue par le gourou.

En pur droit pénal, un élément qui permet de se défendre est la contrainte. Si l'on commet un crime ou un délit sous contrainte, alors la culpabilité peut être levée en raison de l'absence d'intention prévue à l'article 112-2 du Code pénal, selon lequel « n'est pas pénalement responsable la personne qui a agi sous l'empire d'une force ou d'une contrainte à laquelle elle n'a pas pu résister ». La jurisprudence a précisé la notion de contrainte morale : elle doit être imprévisible et irrésistible. Ces deux notions peuvent se trouver dans l'emprise mentale : une personne ne prévoit pas de succomber et la sujétion, parce qu'inconsciente, est irrésistible.

La jurisprudence a pu exonérer ainsi la responsabilité d'une victime :

Cour d'assises d'Ille-et-Vilaine, 29 septembre 2023, n° 38/2017 :

« La cour d'assises a cependant considéré que l'accusée avait agi au moment des faits sous l'emprise d'une force ou d'une contrainte à laquelle elle n'a pas pu résister dans la mesure où elle était sous l'emprise totale de Gabriel Loison, en tant qu'adepte du groupement à caractère sectaire créé et dirigé par celui-ci, dans lequel elle était entrée plusieurs années auparavant dans un contexte de grande fragilité psychologique puis avait été d'autant plus soumise à ses méthodes d'endoctrinement qu'il l'avait convaincue qu'elle était sa "part d'âme" et que si elle n'obéissait pas entièrement à ses préceptes elle risquait de se désintégrer et de désintégrer celui-ci, de sorte qu'elle était contrainte de commettre les faits qui lui sont reprochés. »

Dans cette affaire, la cour d'assises a reconnu que l'emprise mentale avait été telle qu'elle devenait une contrainte indépassable de nature à retirer tout élément intentionnel propre à l'infraction de viol sur mineur.

En tout état de cause, les sanctions pénales ne sont pas monolithiques. Les juridictions possèdent une grande marge de manœuvre pour construire une réponse pénale à la juste valeur de l'acte et de la personnalité de l'auteur. Si une juridiction déclare responsable une victime, elle le fera au cas par cas, avec un ajustement de la peine prononcée : sursis, injonction de soins, absence de mandat de dépôt…

B. La prescription

La prescription encadre d'une durée maximale la possibilité pour un procureur de renvoyer devant un tribunal correctionnel ou une cour d'assises l'auteur d'une infraction ou, pour une victime, le droit d'agir en justice pour faire valoir ses droits à réparation. La particularité de l'impact psychologique de l'emprise mentale oblige à regarder avec prudence la gestion des délais de prescription. La durée de prescription dépend de la nature des faits et de leur qualification en crime ou en délit, mais aussi de la possibilité pour la victime de dénoncer son agression, ce qui suppose la prise de conscience de l'abus frauduleux.

La durée de la prescription est de 6 ans pour les délits et de 20 ans pour les crimes[90]. L'abus frauduleux constitue un délit, donc 6 ans. Ce délai, d'un point de vue psychologique, est court. De nombreuses associations de défense des victimes militent pour une durée plus longue. En effet, il faut souvent plusieurs années pour que l'ex-adepte ait pu suffisamment progresser dans son travail de compréhension et de prise de conscience.

Le point de départ de la prescription est la date de commission du fait délictuel. S'il s'agit d'une infraction dont la réalisation est répétitive ou étendue dans le temps, alors le point de départ est la dernière itération de l'infraction ou la date de sa découverte. L'abus frauduleux est une infraction continue[91], la prescription court au dernier acte constitutif. Par exemple, dans le cas d'un faux médecin, le point de départ sera la date de la découverte de la supercherie. Enfin, pour une infraction dissimulée ou occulte, c'est-à-dire que l'on ne peut découvrir pendant sa réalisation, le point de départ est le moment de la réalisation. La question est de savoir si l'emprise mentale est une infraction dissimulée.

Le principe même de la sujétion psychologique est d'être invisible à celui qui la vit avant la sortie de l'emprise. La prescription de l'abus frauduleux ou l'abus de confiance ne devrait avoir son point de départ qu'au moment de la découverte de la situation par la victime. Cet élément, psychologique par nature, n'est pas toujours entendu par les juridictions et suppose une vigilance et une argumentation

---

[90] Pour les crimes les plus graves, elle peut être de 30 ans, notamment dans le cadre de viol contre des mineurs où la prescription est de 30 ans à compter de la majorité depuis de la loi n° 2018-703 du 3 août 2018 renforçant la lutte contre les violences sexuelles et sexistes.

[91] Cour de cassation, chambre criminelle, 27 mai 2004, n° 03-82.738

particulière des avocats. La date de sortie effective d'une personne d'un groupement est le moment où la personne est en état psychologique de découvrir la réalité de ce qu'elle a vécu. Enfin, si la victime est mineure, le point de départ de la prescription est le passage à la majorité.

Similairement, en droit civil est reconnu un point de départ glissant de la prescription en application de l'article 2234 du Code civil qui dispose : « La prescription ne court pas ou est suspendue contre celui qui est dans l'impossibilité d'agir par suite d'un empêchement résultant de la loi, de la convention ou de la force majeure. » Une telle règle a été mise en œuvre dans le cadre d'une emprise mentale ayant été sanctionnée par un abus frauduleux. Par ailleurs, l'article 133-6 du Code pénal dispose que « les obligations de nature civile résultant d'une décision pénale devenue définitive se prescrivent d'après les règles du Code civil », autrement dit par 5 ans.

Exemple de jurisprudence en matière civile

Des époux possédaient un immeuble et, alors qu'ils étaient sous l'emprise d'une personne qui a fait l'objet d'une condamnation à 10 ans de prison pour abus frauduleux, ils avaient procédé à la réalisation d'une vente immobilière à un prix faible au profit d'une société. À leur sortie d'emprise, les victimes se sont rendu compte que la vente n'était pas conforme à leur intérêt et que leur consentement avait été biaisé par l'abus frauduleux dont ils étaient victimes. La Cour de cassation a fait glisser le point de prescription au motif « qu'il n'était pas discuté par les parties que les consorts [T] étaient, au moment de la réitération de l'acte de vente du 8 juillet 2008, dans un état de sujétion psychologique, ce dont il résultait que la prescription n'avait pas pu commencer à courir à cette date[92] ».

---

[92] Cour de cassation, 3e chambre civile, 16 septembre 2021, no 20-17.623.

Exemple de jurisprudence en matière pénale

Dans le cadre d'un abus frauduleux, la victime n'avait pas porté plainte dans le délai légal de prescription et son avocat avait mis en avant que le point de départ de la prescription aurait dû courir à compter de la fin de l'emprise. La Cour de cassation confirme sur le fondement de l'article 8 du Code de procédure pénale ce point de départ glissant : « Attendu que, pour confirmer cette décision, l'arrêt retient, notamment, que M. B. est resté sous l'influence de M. X. jusqu'en 2012, date à laquelle il a, avec l'aide de tiers, pris la fuite de la maison où ce dernier l'hébergeait, et que jusqu'alors, l'infraction ne lui était pas apparue dans des conditions permettant l'exercice de l'action publique[93]. »

Comment gérer la prescription ?

Dans le domaine des dérives sectaires, il ne faut pas perdre de vue le rythme psychologique de la victime. Porter plainte est un acte lourd qui peut être dur à supporter. De nombreuses victimes craignent d'agir ou ne s'en sentent pas la force. Elles cherchent dans un premier temps à se reconstruire. Le moment de la plainte et la manière dont elle est récupérée sont centraux dans la capacité de résilience de la victime qui nourrira ses démarches judiciaires futures. Vouloir agir trop rapidement est contre-productif. Le juridique et le psychologique ne vivent pas dans la même temporalité. Dans le cadre d'une emprise mentale, la situation étant complexe, elle est souvent difficile à expliquer à des enquêteurs, peu au fait de la réalité. Le parcours long et heurté oblige la victime à montrer une grande force psychologique. Surtout, une enquête pénale entraînera potentiellement des confrontations, c'est-à-dire des auditions où seront présents la victime et le mis en cause, situations qui peuvent être particulièrement violentes et imprévisibles. La puissance du gourou est toujours résiduelle et les croyances peuvent encore être

---

93 Cour de cassation, chambre criminelle, 9 janvier 2019, nº 17-83.587.

actives. Avant de lancer une victime dans ce type de processus, il convient d'être bien certain de sa capacité à le supporter. Comme discuté précédemment, pour la victime, le plus important, et c'est ce qui est attendu de la procédure pénale, est la recherche d'un effet cathartique de vérité. Pour que cette vérité émerge pour produire un effet psychologique quelconque, il faut que la victime soit en état de le vivre. Il convient de toujours garder à l'esprit l'existence d'un relationnel passé, d'un vécu historique et humain, des sentiments, des souvenirs, d'une personnalité à reconstruire. Il y a souvent de l'ambivalence chez la victime face à son agresseur dans le domaine du cultuel. Ce qui se joue est d'abord psychologique et doit donc être abordé comme tel. Une victime peut à la fois maintenir ses croyances et rejeter le groupement.

Le rythme d'une victime exige d'ordinaire une action plus lente, obligeant à discuter l'incapacité ressentie à porter plainte immédiatement. Ces éléments n'empêchent pas le travail probatoire : récupérer les documents, monter un dossier. En cas d'agression sexuelle, il convient sans délai de faire réaliser des constatations médicales. En effet, plus la saisine de la justice est distante de la réalisation des faits, plus la documentation de la preuve est complexe à établir. Il faut donc comprendre que l'urgence, plus que de porter plainte, est de constituer un dossier qui favorisera la discussion avec la victime et assurera la possibilité d'une plainte, même tardive. Ces prolégomènes initient la difficile reconstruction psychique de la victime, car pour la première fois elle pourra bénéficier d'un éclairage systématique sur son vécu et le verbaliser. La circonspection est de mise ; nul ne sait exactement le niveau d'embrigadement subsistant d'un interlocuteur, les tensions basses ou les désirs de retour dans la paisible vérité sectaire. Statistiquement, une majorité de victimes retournent dans un autre mouvement après la sortie, car la demande psychique et l'absence de pleine prise de conscience des processus rendent l'appel irrésistible.

CHAPITRE 6

PROTÉGER LES MEMBRES DE LA FAMILLE

Les praticiens le savent, c'est presque toujours par le droit de la famille que les procédures judiciaires en matière de dérive sectaire débutent. En effet, comme il ressort des mécanismes de l'emprise mentale, la rupture avec l'environnement familial est l'un des premiers aspects de la sujétion. La question se pose au niveau de la restructuration de la relation entre les parents (I), des enfants (II), et celle du majeur protégé (III).

I. LA RESTRUCTURATION FAMILIALE

La famille est l'embrasure qui perce au jour la dérive sectaire avec la découverte d'un proche qui perd le sens commun, devient secret, s'inscrit dans une série de pratiques incompréhensibles, essaie de promouvoir ses croyances. La prise d'un membre d'un couple dans une dérive sectaire entraîne presque toujours le divorce : les croyances deviennent incompatibles avec le maintien du couple que le groupement tente de saper pour asseoir sa mainmise. C'est généralement au travers du droit de la famille que la dérive sectaire apparaît la première fois et prend sa force. Comment aborder un divorce en présence d'une dérive sectaire (A) et comment la dérive influence le droit de garde (B) ?

A. Le rôle de la famille

Ce qui fait rupture et permet à l'adepte de sortir de l'emprise n'est pas un acte unique, mais une série de disruptions d'un système de pensée bien huilé. La présence de personnes extérieures, la possibilité d'entendre d'autres sons de cloche et surtout la possibilité de voir les abus sur autrui sont des facteurs clés de la sortie d'adeptes. Dès lors, la consistance et la solidité de la structure familiale jouent une grande importance. Les grands-parents, avec leur droit de visite, peuvent jouer un rôle d'équilibre. Plus largement, une union familiale doit se mettre en place : il faut construire la mobilisation d'une famille capable de soutenir et de s'unir. Un audit des relations familiales doit être mis en place afin de construire une réponse organisée de la famille.

La famille proche

Les frères et sœurs, d'un point de vue juridique, peuvent évidemment porter plainte (voir *supra*) et plus largement construire la réponse familiale. La pratique des dossiers montre qu'une union de la famille autour de la victime est cruciale ; elle permet à cette dernière une prise de conscience et aussi d'emporter la conviction des autorités. Sa capacité à former un contrepoids à l'offre affective du groupement cimente une stratégie d'action d'autant plus précieuse que l'équation inclut des mineurs. Entourer les enfants d'affection, neveux, cousins, notamment à l'occasion du droit de garde des grands-parents, contrebalance les valeurs sectaires et leur expose une autre vision du monde. Toutefois, la famille recèle bien des dangers. Une attraction sectaire peut découler de relations affectives dysfonctionnelles (mais pas toujours) et un étouffement affectif fait fuir. La bonne approche dépendra d'une analyse des dynamiques intra-personnelles. D'un point de vue sociologique, de nombreuses personnes prises dans des dérives sectaires (même si ce n'est ni un facteur, ni une nécessité) viennent de familles divisées.

En outre, certains membres de la famille, jouant leur propre jeu, peuvent avoir une relation trouble à la dérive sectaire.

Les grands-parents

Les grands-parents ont des droits et notamment des droits de visite de leurs petits-enfants. En effet, l'article 371-4 du Code civil prévoit que « l'enfant a le droit d'obtenir des relations avec ses ascendants ». La limite étant celle de l'intérêt supérieur de l'enfant. Concrètement, le juge prendra en compte de nombreux éléments pour déterminer si la demande de droit de visite est pertinente. En cas d'enfant ayant atteint un âge suffisant pour exprimer une demande, le juge procédera à une audition du mineur. Une telle demande des grands-parents est un levier à exploiter, car d'un point de vue psychologique, ils peuvent servir comme médiateurs. La relation n'est évidemment pas la même que celle avec l'autre parent. Il y a plus de distance. La multiplication des droits de visite permet d'assurer à l'enfant un pied hors du groupement et donc d'avoir accès à une pluralité de points de vue. Il s'agit aussi de pouvoir maximiser pour le parent adepte les contacts avec des personnes extérieures.

B. Le couple

Le droit positif français ne considère généralement pas l'adhésion à un groupement sectaire comme une cause de divorce ; il convient donc d'éviter de lancer une procédure de divorce pour faute, mais plutôt de chercher à trouver une solution qui permet de préserver l'intérêt supérieur des enfants et mettre en place une structure assurant leur maintien hors de l'emprise sectaire.

Auditer les croyances et prendre acte de la rupture sans blesser

Une première recommandation est de faire un tour dans la bibliothèque du conjoint et de fouiller les placards (et les cachettes de type cave et grenier). On y découvre généralement toute une série de livres sur les nouvelles croyances et sur les différentes activités et stages suivis, notamment des flyers. Cette première approche est importante, car elle permet d'avérer l'existence d'un péril sectaire et de comprendre la mouvance dans laquelle se situe la victime.

L'endoctrinement confirmé : comment se positionner ? La question n'est pas évidente et sa réponse quelquefois contre-intuitive. Une rupture, surtout quand il y a des enfants, est une source de stress majeure et la victime d'une dérive sectaire sera d'autant plus fragile et déstabilisée que les membres du groupement voudront instrumentaliser la procédure pour asseoir le recrutement.

Une fois la découverte de la dérive, le mieux est de construire un dossier documentaire pour comprendre le plus possible de quoi on parle. Cela sera important, non pas pour attaquer le conjoint sur ses croyances, mais pour mieux situer dans la galaxie sectaire ses croyances et comprendre les mots qui pourront le toucher, mais aussi savoir quelles sont ses croyances qui vont être transmises aux enfants et les éléments à apporter à ces derniers.

Une des constantes qui ressort de la pratique du droit de la famille des dérives sectaires est la puissance de la calomnie. Il est courant, pour un adepte pris dans une dérive, de calomnier et d'obtenir des autres membres du groupement des attestations calomnieuses ou des certificats de psychologues ou de médecins sympathisants du groupement. Il faut bien comprendre que le groupement verra la procédure de divorce comme un élément clé pour maintenir l'adepte et récupérer des actifs. Une personne en cours de divorce est fragile, seule et déstabilisée. Elle est donc la victime idéale.

Il convient d'être prudent et de ne pas tenter de confisquer la procédure de divorce pour en faire un terrain de règlement de compte. Le risque d'une contre-attaque calomnieuse est un grand classique entraînant une spirale conflictuelle.

Le divorce

La croyance sectaire n'est pas une faute pour justifier un divorce ou une suppression de la prestation compensatoire. Appartenir à une secte n'est pas une cause de divorce pour faute, sauf à ce que cette adhésion entraîne une violation répétée des devoirs conjugaux. Ainsi, la jurisprudence a retenu la faute d'un mari obligeant son épouse à se voiler[94] ou ayant refusé à plusieurs reprises de participer aux repas de famille en raison du non-respect d'impératifs alimentaires[95]. Dès lors, le divorce sera sans doute prononcé pour altération définitive du lien conjugal ou par accord mutuel. Dans ce cadre, il n'y a pas vraiment d'intérêt à chercher à judiciariser la rupture et à créer du conflit. La recherche d'une solution amiable doit être privilégiée. En raison de la nature complexe de la relation introduite par la croyance et la multitude de tiers introduits par le groupement, la mise en place d'une procédure amiable assistée d'un médiateur ou suivant une procédure de droit collaboratif peut être nécessaire. Le droit collaboratif, qui est une construction du processus de discussion de telle manière à le rendre le plus fluide possible, est une solution très intéressante. En outre, elle suppose de passer par des avocats formés à cette méthode et donc elle assure d'avoir autour de la table des professionnels qui comprennent les enjeux psycho-émotionnels d'une telle relation.

L'ordonnance de protection

Le juge aux affaires familiales ordonne des mesures de protection, au profit de toute personne victime de violences, physiques ou psychologiques, au sein d'un couple (quel que soit le régime juridique – Pacs, mariage, union libre) ou menacée d'un mariage forcé.

La procédure est rapide, le juge rend son ordonnance dans un délai de 6 jours à compter de la date d'audience qui peut être à jour fixe. Le juge prend des mesures incluant :

---

[94] Cour d'appel de Rennes, 6e chambre, 26 mai 2008.

[95] Cour d'appel de Rennes, 6e chambre, 27 mars 2012, no 10/07958.

– l'interdiction d'entrer en contact avec le demandeur ;
– l'interdiction de se rendre dans certains lieux désignés ;
– l'interdiction de détenir ou de porter une arme ;
– une prise en charge sanitaire, sociale ou psychologique ;
– l'interdiction pour le défendeur de se rapprocher de la victime à moins d'une certaine distance, assortie de l'obligation de porter un dispositif électronique mobile antirapprochement.

Dans le cadre d'une secte, où le maintien de l'adepte passe par un conditionnement social et une sujétion physique et/ou psychique, une telle procédure expéditive ouvre un sas protecteur autour des membres qui cherchent à sortir du groupement.

II. LES ENFANTS

En cas de divorce ou de séparation des parents, la question de la garde des enfants et de l'exercice de l'autorité parentale se pose. Le principe retenu par la jurisprudence reste celui de la garde partagée avec néanmoins des garde-fous concernant l'autorité parentale.

A . Le principe de la garde alternée

La position de principe est la garde alternée. L'adhésion à une dérive sectaire n'affecte pas en soi la détermination de la garde d'un enfant.

L'entrée en secte et la radicalisation d'un membre de la famille engendrent généralement l'éclatement du cadre familial. Le juge aux affaires familiales a donc dû trancher la question de la résidence de l'enfant en de telles circonstances. La jurisprudence est nuancée : elle maintient le principe fondamental de la garde alternée, si elle est possible. En soi, l'appartenance à un culte, sous surveillance de la Miviludes, n'est pas un obstacle au droit de garde. L'intérêt supérieur de l'enfant au maintien d'une relation avec ses deux parents prévaut. Néanmoins, des juges ont retiré le droit de garde à un parent dont la pratique religieuse était dommageable au mineur. Le juge motive sa décision *in concreto* (en fonction de la réalité du cas) et non *in abstracto* (le rattachement à un culte). Ainsi, la jurisprudence a indiqué que la simple appartenance d'un parent aux Témoins de Jéhovah n'était pas suffisante pour fixer la garde de l'enfant chez l'autre parent ; il appartenait au juge de démontrer un trouble réel, notamment par une demande d'enquête sociale[96]. La Cour de cassation a ainsi admis qu'une mère témoin de Jéhovah pouvait avoir la garde de son enfant, car le juge d'appel avait constaté que l'enfant était épanoui et en bonne santé[97]. Un juge tranche selon la jurisprudence classique : le principe est la garde alternée sauf en cas de danger immédiat pour l'enfant ou d'impossibilité matérielle. Le critère du danger est élevé. La Cour de cassation a récemment considéré que le placement d'une jeune fille à l'aide sociale à l'enfance était justifié en raison de la fréquentation par la jeune fille de la secte de Raël via son beau-père. Ce dernier prônait « la libération sexuelle des individus ainsi que l'éveil sexuel des jeunes enfants » et ces croyances « devaient être mis[es] en lien avec les comportements sexualisés de l'enfant relevés tant par les services éducatifs que par l'expert psychologue[98] ». La Cour, après avoir constaté que l'enfant était anormalement sexualisée et que la famille ne maintenait pas les différences générationnelles, a confirmé l'existence d'un danger justifiant le placement.

La tentation est grande de faire de la dérive sectaire un cheval de bataille, or cela est vain et risque surtout de pousser la victime vers une contre-attaque qui aura pour base la calomnie. Il est judicieux de n'engager ce débat qu'en cas de

---

96 Cour européenne des droits de l'homme, 16 décembre 2003, Palau-Martinez, France.

97 Cour de cassation, deuxième chambre civile, 11 avril 2002, nº 00-15.819.

98 Cour de cassation, première chambre civile, 10 juin 2015, Mme X., nº 14-15.354.

risque pour l'enfant avéré : risque médical, risque de violences sexuelles, risque de déscolarisation. La question n'est pas la même en cas de changement de résidence du parent adepte à une certaine distance du domicile, ce qui rendra nécessaire une garde chez un seul des parents. Il convient alors d'agir le plus tôt possible pour empêcher le déplacement de l'enfant et bien maintenir sa scolarisation.

La garde alternée est généralement vécue comme un échec et avec beaucoup d'incompréhension. Est-ce dire que le droit sacrifie les enfants sur l'autel d'un principe rigide d'égal accès aux parents ? Une garde alternée ne condamne pas l'enfant à l'embrigadement sectaire. Le principe de la garde alternée se conjugue avec le partage de l'autorité parentale pour les choix éducatifs et vise à permettre la présence équilibrée des parents. Elle assure une diversité de vue pour l'enfant nécessaire à sa construction qui passe aussi par la résistance au modèle parental. L'emprise mentale d'un parent est une contrainte et demande un investissement important de l'autre parent et de manière générale du cercle familial, pour rendre l'enfant autonome. L'enfant est aussi digne de faire son choix et la présence d'un parent dans un groupe déviant n'entraîne pas nécessairement son adhésion. La question est plus complexe en cas de décision d'une garde unique chez un des parents : l'adepte. Ce cas de figure se profile quand l'adhésion entraîne une relocalisation géographique.

Quant à la méthodologie, il convient de considérer l'entourage familial du mineur au niveau de sa famille prise globalement. Il faut dépasser le conflit entre parents pour comprendre le rôle que les oncles et tantes et les grands-parents peuvent jouer. Il faut chercher à construire le temps du mineur, pendant les périodes de visite et d'hébergement, pour l'exposer à d'autres vérités et lui apprendre à développer son propre esprit critique. La famille doit mener une réflexion sur la manière de montrer une autre vision. Les croyances d'un des parents ne se transmettent pas automatiquement aux enfants. La construction psychique du mineur est plus complexe, faite d'indépendance et de réaction. Il convient donc surtout de donner un plan de construction. Il arrive souvent, en pratique, que des parents mettent sur le dos de la dérive sectaire ou de la croyance une dégradation de la relation avec le mineur qui est généralement multicausale. La parentalité crée des relations psychologiques complexes. Le parent en difficulté qui cherche à se défausser sur les manquements de l'autre parent doit être enjoint à faire un travail personnel qui lui sera nécessaire pour réinvestir la relation avec son enfant. Dans ce cas, l'octroi d'une garde exclusive en réalité serait un contresens, car elle n'aurait aucun effet pour assurer le rétablissement du lien qui est détérioré sans doute par les effets d'un éloignement émotionnel. Ce n'est évidemment pas en coupant avec l'autre parent que la relation sera meilleure, il ne peut y avoir un travail que sur la relation directe et cela échappe en grande partie au régime de la garde retenu, dans la mesure où le parent maintient assez de temps de relation pour construire cet échange. Il est évidemment plus simple de mettre cela sur le compte de la décision judiciaire. Il est de même dangereux de conseiller de judiciariser sans raison cette question. Le maintien d'un *modus vivendi* malgré les croyances demeure l'objectif qui doit être cardinal.

En réalité, si le parent réussit à maintenir une relation respectueuse avec l'autre parent en distinguant les croyances et le lien humain affectif, il apportera ainsi par l'exemple la preuve qu'il est possible d'aimer un parent sans pour autant accepter ses croyances.

B. Les limites de l'autorité parentale

De nombreux groupes sectaires ont fait l'objet de condamnation pour pédocriminalité, pratiquent le mariage arrangé, interdisent à leurs enfants de bénéficier de certains soins comme les vaccins et les transfusions sanguines. Il est important de comprendre comment s'organisent les décisions relatives à l'autorité parentale avant de se pencher sur la question du pouvoir du juge des enfants.

Une décision conjointe des parents

L'éducation religieuse commence tôt et engage des décisions importantes, par exemple avec des pratiques comme la circoncision qui touchent le corps de l'enfant, la scolarité privée, l'octroi de sacrements… Comment ces décisions sont prises pour l'enfant au sein de la famille ? Le principe est la décision conjointe des parents avec la possibilité d'obtenir en justice un retrait de l'autorité d'un parent.

Le Code civil français pose le principe d'une autorité parentale conjointement exercée par les parents. S'ils sont unanimes, il leur est possible de conduire leur enfant dans une religion et de faire pratiquer des actes rituels. D'un point de vue juridique, de nombreuses questions se sont posées, notamment pour des pratiques comme la circoncision qui supposent une ablation définitive et irrémédiable d'une partie du corps humain. De manière plus générale, la conduite d'un enfant dans une religion, alors qu'il n'est pas en âge de consentir, met en œuvre une relation complexe entre la liberté des parents de pratiquer leur religion et celle des enfants de pouvoir faire un choix. L'école joue un rôle important dans la question.

Le droit français admet globalement l'imposition par les parents de pratiques religieuses usuelles et non mutilantes, si les deux sont d'accord. Un parent ne peut pas prendre la décision seul.

Le rôle du juge

Le juge des enfants peut prendre des décisions allant d'une simple mesure éducative complétant l'action des parents au retrait de la garde pure et simple. Le juge, et plus particulièrement le juge aux enfants, est habilité en application de l'article 375 du Code civil : « si la santé, la sécurité ou la moralité d'un mineur non émancipé sont en danger, ou si les conditions de son éducation ou de son développement physique, affectif, intellectuel et social sont gravement compromises [il peut ordonner] des mesures d'assistance éducative. » Ce pouvoir du juge est fort, mais il est circonscrit à l'existence d'un danger ; classiquement, la jurisprudence a précisé que la simple appartenance de la famille à un culte n'était pas suffisante pour le caractériser. En revanche, la jurisprudence a pris des mesures éducatives en raison de l'adhésion des parents et de l'enfant à la secte La Citadelle (évangélique) après la constatation que l'Église demandait à ses fidèles d'isoler les enfants du monde extérieur qualifié de « satanique » et qu'elle permettait les sévices corporels[99]. La Cour de cassation a aussi déclaré légitime l'opposition d'une mère au baptême de ses enfants de 6 et 7 ans, car ils avaient exprimé leur refus du sacrement[100]. En pratique, les juges tendent à se soumettre aux avis des experts psychologues et fondent sur une expertise tierce la nécessité de la mesure éducative. L'article 375 a aussi pu être invoqué par des parents impuissants devant l'endoctrinement de leur enfant ; ainsi un juge a placé dans un centre fermé un mineur en cours de radicalisation islamiste[101] en raison de l'incapacité des parents à contrôler son exposition à de la propagande notamment diffusée par Internet.

On peut rappeler ici que l'article 227-17 du Code pénal dispose que « le fait, par le père ou la mère, légitime, naturel ou adoptif, de se soustraire, sans motif légitime, à ses obligations légales au point de compromettre gravement la santé, la sécurité, la moralité ou l'éducation de son enfant mineur est puni de deux ans d'emprisonnement et de 30 000 euros d'amende ». La jurisprudence a ainsi retenu la culpabilité de parents ayant déscolarisé des enfants de moins

---

99 Cour européenne des droits de l'homme, 26 juillet 2007, Schmidt, France, req. nº 35109/02.

100 Cour de cassation, première chambre civile, 23 septembre 2015, M. X., nº 14-23.724.

101 Cour de cassation, chambre criminelle, 2 novembre 2016, nº 16-85.093.

de 16 ans pour des raisons de culte[102] (l'article 227-17-1 du Code pénal incrimine ce comportement particulier) ; ayant refusé la vaccination obligatoire[103] ; ou souhaitant envoyer leur enfant de 6 ans seul en Inde dans un ashram pour y pratiquer le yoga[104]. Récemment, cet article a été utilisé pour sanctionner une mère partie en Syrie avec ses enfants pour rejoindre Daesh[105]. On comprend aisément que ce délit s'interface avec la résidence habituelle de l'enfant : un parent condamné se verra probablement retirer le droit de garde.

Le contrôle du juge peut avoir pour conséquence un retrait de l'autorité parentale, qui peut être demandé par l'autre parent ou par le procureur de la République en raison de mauvais traitements sur un enfant incluant des pressions psychologiques graves : par exemple, le désintérêt pour l'enfant, le manque de soin, l'abandon matériel et affectif de l'enfant.

La loi du 18 mars 2024[106] visant à mieux protéger les victimes d'incestes renforce les possibilités de retrait de l'autorité parentale à un parent ayant commis un crime sur l'autre parent ou ayant été condamné pour des actes d'inceste. Cette loi remet en question une jurisprudence très contestée qui tendait à ne pas considérer que la violence d'un parent sur l'autre créait un risque ou un danger pour l'enfant si l'enfant n'était pas lui-même victime desdites violences.

Enlèvement d'enfant intrafamilial

L'enlèvement d'enfant intrafamilial est un grand classique des dérives sectaires en droit de la famille. Les déplacements géographiques des adeptes sont très fréquents pour casser les

---

102 Pau, 19 mars 2002, JCP 2002. IV. 2923.

103 Cour de cassation, chambre criminelle, 13 janvier 2015, arrêt n° 7873 et CC, QPC, 20 mars 2015 n° 2015-458.

104 Cour de cassation, chambre criminelle, 11 juillet 1994, n° 93-81.881.

105 Cour de cassation, chambre criminelle, 20 juin 2018, n° 17-84.128.

106 Loi n° 2024-233 du 18 mars 2024 visant à mieux protéger et accompagner les enfants victimes et covictimes de violences intrafamiliales.

liens familiaux et assurer un meilleur contrôle, ce qui a pour conséquence de déplacer les enfants sans le consentement de l'autre parent ou une autorisation judiciaire. Il est possible de porter plainte au pénal et de saisir le juge aux affaires familiales de la question. Les déplacements internationaux, pour les pays l'ayant ratifiée, sont traités par la convention de La Haye du 25 octobre 1980.

C. Mensonges et faux souvenirs induits

Le rapport à la vérité dans un groupement sectaire et l'obéissance au gourou rejaillissent dans la pratique du contentieux : le mensonge devient une arme de défense. Les adeptes sont mis à contribution pour produire des attestations ; les enfants apprennent par cœur des témoignages, et des pratiques psychothérapeutiques peu soucieuses de déontologie peuvent même entraîner de faux souvenirs induits. Ces différentes questions au cœur de la pratique du droit de la famille doivent interroger le praticien sur les bons réflexes à avoir.

Les attestations mensongères

La pratique du droit de la famille en matière sectaire montre la présence significative de fausses attestations. Cela dénote même la présence d'une dérive sectaire. En effet, le caractère très suggestible des victimes du groupement favorisera, sur la demande du gourou, la rédaction par les adeptes d'attestations grossièrement mensongères. Le monde extérieur est perçu comme dangereux et hostile aux valeurs du groupement ; cela justifie le mensonge. Les attestations peuvent être violentes et largement calomnieuses. Par ailleurs, les groupements sectaires d'une certaine taille ont tissé tout un réseau de médecins et de psychologues sympathisants qui n'hésiteront pas à verser aux débats des attestations de mauvais traitements. Si les attestations en cascade sont globalement un problème en droit de la famille, le phénomène devient particulièrement aigu dans le domaine des dérives sectaires.

Le premier apprentissage pratique est qu'il ne sert souvent à rien d'attaquer les croyances ou de demander une garde exclusive sur la simple participation de l'autre parent à un groupe sectaire. La jurisprudence n'a pas pris cette position : cela génère donc du conflit pour rien. Traiter l'affaire à l'amiable permet d'éviter la réaction de rejet et les attestations. Il convient d'éviter d'attaquer les croyances, car cela génère des réflexes de défense.

Si le contentieux devient inévitable et en présence de fausses attestations, outre d'obtenir une batterie d'attestations de son côté, il convient de ne pas hésiter à porter plainte contre les attestations calomnieuses et contre les expertises déviantes auprès des différents ordres professionnels[107]. Il n'est pas possible de rester au-dessus de la mêlée.

L'audition des mineurs est aussi un point crucial et important. En pratique, les groupements n'hésiteront pas à donner des textes à apprendre par cœur aux mineurs qui pourront être largement calomnieux. Il n'y a aucune limite dans le rapport à la vérité et dans l'acceptabilité du mensonge. L'endoctrinement est le principe fonctionnel du groupement sectaire qui ne reconnaît que comme vérité la parole de son leader et peut tenir un double discours et l'imposer à ses disciples, quelles qu'en soient les conséquences psychologiques pour ces derniers.

Les faux souvenirs induits

Le faux souvenir induit est produit par la mise en œuvre de techniques de psychothérapie sauvage ayant pour objectif de faire revivre ou remémorer un traumatisme infantile. Il ressort de données expérimentales que la mémoire n'est pas un musée de souvenirs parfaitement identiques à la réalité, mais, au contraire, une machine à reconstruire, sur la base d'images et d'indices, une imagination du passé. De nombreuses

[107] Il est possible de saisir l'ordre professionnel d'une plainte ; l'octroi d'une attestation de complaisance est une faute déontologique.

psychothérapies, qui présupposent l'origine traumatique de la souffrance psychique dans l'enfance, vont chercher à découvrir des souvenirs adéquats. Ce faisant, ils suggèrent l'idée du traumatisme et contribuent à l'élaboration de souvenirs totalement inventés.

L'existence des faux souvenirs induits n'est pas neuve et leur réalité est maintenant largement attestée par la clinique psychologique et psychiatrique. Il n'empêche que de nombreux thérapeutes maintiennent la vision des « blessures » infantiles comme cause de toute souffrance psychologique. La révélation de ces faux souvenirs est particulièrement violente, tant pour la victime du thérapeute que pour la famille, car elles peuvent avoir pour conséquences des plaintes pénales et une désintégration familiale.

En pratique, il s'agit d'une réalité fréquente, notamment dans des dossiers de droit pénal avec allégations d'inceste. Dans ce cadre, il convient de faire des demandes d'expertise psychiatrique, notamment sur la question des souvenirs. Des psychiatres, ayant développé des compétences adéquates par l'analyse de ce type de souvenirs, peuvent en révéler la fausseté. Certains éléments dénoncent les souvenirs induits. Dans la phase d'enquête, les confrontations permettent de mieux comprendre les techniques utilisées par le psychothérapeute et les principes de son action : les souvenirs induits naissent de thérapies présupposant l'existence d'un traumatisme enfoui. Les praticiens qui génèrent ce type de souvenirs s'inscrivent généralement dans des courants spécialisés dans le « psychotrauma » et ne sont souvent que faiblement formés. La consultation de leur site Internet et de leurs réseaux sociaux explicite leurs approches et leurs biais pratiques.

Les faux souvenirs induits foisonnent dans les cures psychiques sectaires, car la logique de l'être parfait, altérable uniquement par un agent perturbateur externe, s'inscrit dans la logique de la nécessité d'un traumatisme externe à toute souffrance. Le fait que les accusations soient limitées et nourries pas des « souvenirs ravivés » est de nature à indiquer l'existence de faux souvenirs induits impropres à justifier une condamnation[108]. De l'autre côté du miroir, les faux souvenirs induits offrent un moyen de défense aisé aux auteurs d'agressions sexuelles – l'absence de témoins étant l'un des éléments marquants de ce type d'infraction. La question qui se pose est de bien caractériser la réalité des souvenirs et de trouver un moyen de les mettre en cohérence avec d'autres éléments du dossier afin de prouver « l'existence de présomptions graves, précises et concordantes[109] ».

III. LES MAJEURS PROTÉGÉS

La logique même de l'abus frauduleux par sujétion psychologique est de supprimer le libre arbitre de la victime pour lui soutirer des avantages. Une mesure de protection des majeurs (curatelle, tutelle) apparaît comme une solution naturelle. Elle ne l'est pas : la jurisprudence y est peu favorable, *a fortiori* depuis la loi de 2007[110] qui restreint les cas d'ouverture. Pour ouvrir une mesure de protection, deux éléments doivent être démontrés : un trouble neuropsychologique médicalement documenté (A) et le caractère proportionné de la mesure aux besoins de protection du majeur (B).

---

108 Cour de cassation, chambre criminelle, 13 octobre 2010, nº 09-88.732 : « Alors que la cour d'appel ne pouvait, sans se contredire, se fonder sur les accusations de la partie civile dont elle constatait qu'elles étaient très limitées quant à la matérialité des faits et qu'elles étaient devenues plus précises au fur et à mesure que les souvenirs de l'enfant étaient "ravivés", ce dont il résultait qu'elles avaient été induites par d'autres. »

109 Cour d'appel de Bordeaux, cinquième chambre civile, 6 mai 2015, nº 13/04091.

110 Loi du 5 mars 2007 portant réforme de la protection juridique des majeurs.

A. Un trouble médicalement documenté

La demande d'une mesure de protection, même une sauvegarde de justice[111], doit être justifiée, à titre de recevabilité de l'action, par un certificat médical, ou au moins par la production d'un certificat de carence. La réforme de 2007 a resserré la réglementation en supprimant la possibilité offerte au juge des tutelles de pouvoir s'autosaisir et ordonner une expertise psychiatrique. La Cour de cassation, par un arrêt de 2006[112], avait validé ce moyen de contourner l'exigence de certificat médical : le juge des tutelles saisi ordonnait l'expertise et donc ouvrait le dossier malgré l'absence de cette pièce. Cette jurisprudence est caduque. Le pouvoir de saisine revient au procureur de la République qui pourrait, dans le cadre de ses pouvoirs, enjoindre et ordonner une expertise psychiatrique : en pratique, cela dépend juridiction par juridiction de la politique du bureau civil du procureur de la République.

Une obligation à peine de recevabilité de la demande

Pour obtenir l'ouverture d'une mesure de protection, même dans le cas d'une mesure de sauvegarde, un avis médical est nécessaire. Il doit être signé par un expert inscrit sur une liste spéciale tenue par le procureur de la République. La liste des experts est généralement disponible sur Internet ; à défaut, il faut la demander au procureur, souvent via le bureau d'ordre pénal. Il est donc tout à fait inutile d'écrire à un

---

111 La sauvegarde de justice peut être initiée par le médecin généraliste qui saisit le procureur de la République, mais ce dernier, pour mettre en œuvre la procédure, doit avoir un certificat médical d'un expert inscrit sur la liste tenue par le procureur de la République. La mesure est simplifiée, car elle dispense de passer devant le juge des tutelles et peut donc être mise en place plus rapidement.

112 Cour de cassation, première chambre civile, arrêt n° 810 du 10 mai 2006, pourvoi n° 04-12.306.

tribunal des tutelles sur la base d'une attestation d'un médecin généraliste. Le dossier sera irrecevable.

Le certificat coûte 160 euros et est relativement standardisé dans ses attentes. Toutefois, les experts divergent assez largement dans leur approche pratique des dossiers et surtout dans leur disponibilité pour se déplacer chez le majeur. Les médecins libéraux sont plus adaptés à la dérive sectaire que les praticiens hospitaliers, qui suivent des processus très protocolaires, souvent inadaptés. En effet, dans le cadre de la dérive sectaire et de l'emprise mentale, aucun adulte n'ira de son plein gré voir l'expert, il convient donc d'en trouver un qui accepte de se déplacer chez l'adulte et qui a un certain tact pour obtenir les informations requises.

Le contenu du certificat est large, car on parle simplement d'altération de facultés du majeur et donc de tous troubles. Dans le certificat, le médecin « 1. décrit avec précision l'altération des facultés du majeur à protéger ou être protégé ; 2. donne au juge tout élément d'information sur l'évolution prévisible de cette altération ; 3. précise les conséquences de cette altération sur la nécessité d'une assistance ou d'une représentation du majeur dans les actes de la vie civile, tant patrimoniaux qu'à caractère personnel, ainsi que sur l'exercice de son droit de vote ».

Comment contourner le refus du majeur ?

Peu de personnes acceptent de gaieté de cœur de faire l'objet d'une mesure de protection et l'on comprend bien qu'avec en outre la présence d'un gourou auteur d'une emprise mentale, il sera particulièrement complexe d'obtenir le certificat médical. Néanmoins, la loi offre plusieurs possibilités.

L'expert inscrit doit convoquer la personne et tenter de la faire parler. En cas de refus, il devra dresser un procès-verbal de carence. Toutefois, dans le cadre de ce procès-verbal, il lui est possible de faire une analyse médicale sur pièces[113], par exemple par des témoignages, propos recueillis par des assistantes sociales ou par les médecins traitants. Cette expertise sur pièces est recevable pour lancer la procédure d'ouverture d'une tutelle. Cependant, la simple carence, autrement dit le simple refus du majeur de se présenter, ne peut pas suffire. Le médecin doit donc établir un certain nombre d'éléments afin de permettre au juge de prendre une décision. Toutefois, dans le cadre d'une carence, le rapport sera plus léger et donnera plus de place à la présentation des faits justificatifs à l'audience.

Le certificat médical, un élément d'appréciation parmi d'autres

Il est très rare, mais pas impossible, qu'un juge des tutelles ne suive pas la recommandation du médecin expert et valide l'ouverture d'une mesure de protection alors que le médecin expert pose un diagnostic de déficience mentale. L'expertise informe le juge, mais ne le tient pas.

La jurisprudence considère qu'un juge n'est pas tenu par le certificat médical, il ne s'agit que d'un élément parmi d'autres pour l'informer dans le cadre de sa décision. Il peut donc prendre une décision contraire et ne pas suivre la constatation médicale. Cela signifie que même dans l'hypothèse d'un certificat médical qui indique l'absence de troubles neuropsychologiques, le juge des tutelles peut ne pas suivre l'avis du médecin et ouvrir une mesure si des éléments lui paraissent suffisants dans ce sens.

---

[113] Cour de cassation, première chambre civile, 20 avril 2017, nº 16-17.672 : « Vu l'article 431 du Code civil ; attendu que, selon ce texte, la demande d'ouverture d'une mesure de protection judiciaire doit, à peine d'irrecevabilité, être accompagnée d'un certificat circonstancié rédigé par un médecin choisi sur une liste établie par le procureur de la République ; qu'au sens de ce texte, le certificat circonstancié peut être établi sur pièces médicales, en cas de carence de l'intéressé. »

B. Une mesure nécessaire

L'ouverture d'une curatelle est avantageuse en cas d'emprise mentale. On en comprend d'emblée l'intérêt : cela permet au curateur d'arrêter les paiements, de reprendre la main sur le financier et donc, de rendre la proie inutile pour le gourou. Le curateur aura accès aux comptes et sera dans une position privilégiée pour trouver les preuves nécessaires à une plainte pénale.

La prise en compte de la dérive sectaire

La jurisprudence est nuancée. Il convient de démontrer la nécessité du risque pour le majeur. Ainsi, la simple proximité avec une secte d'une jeune femme, influençable et en grande carence affective, ne suffit pas à justifier sa protection[114]. Cette position est corroborée par la cour d'appel de Bastia qui infirme une demande de tutelle en précisant que si la victime faisait l'objet d'un délire mystique, elle ne présentait pas pour autant une maladie neurodégénérative[115]. Dans le même sens, la cour d'appel de Grenoble ouvre une mesure de curatelle simple à la victime d'une emprise mentale, mais seulement après avoir constaté une pathologie neurologique[116].

L'audience est donc particulièrement importante ; c'est en définitive durant ce moment très particulier que le juge va pouvoir prendre sa décision et se faire une idée précise de la situation du majeur. L'existence d'un risque d'abus frauduleux est un critère pris en compte par les juges pour décider si une mesure est nécessaire[117]

---

114 Cour d'appel de Lyon, deuxième chambre, 8 février 2011, nº 10/031241.

115 Cour d'appel de Bastia, 16 octobre 2013, nº 13/00268.

116 Cour d'appel de Grenoble, 26 mars 2013, nº 12/05860.

117 Cour d'appel de Nancy, troisième chambre civile, 20 janvier 2017, nº 16/01500 : « La cour s'inquiète de l'emprise de monsieur A. sur madame B. depuis le décès de son époux et de l'intérêt que pourrait trouver ce dernier à demeurer proche d'elle, au regard de l'épargne

CHAPITRE 7

LE CONTENTIEUX CIVIL

Lors de l'emprise, il arrive souvent que l'adepte réalise des dons par un consentement vicié (I) ou veuille, à sa sortie, se rétablir par la revendication de droits extrapatrimoniaux (II).

I. DROITS PATRIMONIAUX

Les captations d'héritage, la réalisation de mariage sous le régime de la communauté universelle, la rédaction de testament, les demandes d'investissement dans des sociétés civiles sont divers modes par lesquels les groupements sectaires sécurisent leur financement.

La nullité des actes viciés par abus frauduleux

Le droit français est consensualiste en ce qu'il érige la rencontre du consentement comme source première du droit. Les conventions valablement formées tiennent lieu de lois entre ceux qui les ont faites. Encore faut-il qu'elles aient été valablement formées. À défaut, il y a la possibilité d'obtenir l'annulation judiciaire de la convention sur le fondement d'un vice du consentement. L'abus frauduleux est un terrain particulièrement propice à cela. En matière de dérives sectaires, on trouve des manipulations en vue de changer des clauses bénéficiaires d'assurance-vie, de faire souscrire des assurances-décès ou d'obtenir des donations (généralement par des dons manuels ou par la rédaction de testaments).

---

conséquente dont elle dispose. En conséquence, seule une mesure de tutelle est en mesure de protéger madame B. »

L'ordonnance du 10 février 2016 modifie la définition des vices du consentement dans la rédaction de l'article 1130 et suivants du Code civil qui dispose que « l'erreur, le dol et la violence vicient le consentement lorsqu'ils sont de telle nature que, sans eux, l'une des parties n'aurait pas contracté ou aurait contracté à des conditions substantiellement différentes. Leur caractère déterminant s'apprécie eu égard aux personnes et aux circonstances dans lesquelles le consentement a été donné ».

Plusieurs vices de consentement sont intrinsèquement liés à l'abus frauduleux. D'une part, la violence morale définie comme des menaces formulées pour contraindre quelqu'un en vue de l'obtention d'un avantage. D'autre part, le dol qui consiste en la réalisation de manœuvres pour tromper sciemment un cocontractant[118]. De manière plus générale, le droit moderne des obligations fait peser une obligation assez générale de loyauté dans le cadre de la rédaction et dans la mise en œuvre d'un contrat. Ainsi, l'article 1104 du Code civil stipule : « les contrats doivent être négociés, formés et exécutés de bonne foi. » En présence d'abus frauduleux, il ne peut y avoir loyauté. L'existence d'une sujétion psychologique est donc de toute évidence de nature à faire obstacle au plein consentement du donataire.

La société civile immobilière

La société civile immobilière est un instrument dont le mérite principal est de dissocier les droits patrimoniaux des droits politiques. Les associés sont titulaires de parts sociales qui sont soumises aux règles prévues dans les statuts de la société et la loi. En jouant sur les droits politiques des associés,

[118] Cour de cassation, première chambre civile, 2 décembre 2015, 14-27.215 : « ALORS QUE D'AUTRE PART la modification d'une clause bénéficiaire d'un contrat d'assurance-vie est annulée, lorsque l'auteur de la modification a été l'objet de manœuvres déterminantes de son consentement, surtout s'il s'agissait d'une personne vulnérable. »

il est possible de diminuer ou de cantonner le pouvoir et le rôle d'un associé au sein de la société. On comprend que la question joue dans les deux sens : cela peut permettre à un groupement d'obtenir tous les droits politiques contre un investissement financier dérisoire, mais aussi d'isoler un bien d'un membre de la famille qui, sous l'influence d'une secte, pourrait être soumis à un certain niveau de pression pour aliéner des droits ou vendre un actif familial et le réinvestir dans un projet immobilier de la secte.

Par exemple, il est possible de moduler, dans les statuts, la prise de décision : le gérant de la SCI peut être doué de très larges pouvoirs. En outre, en jouant sur les règles de majorité au sein des assemblées générales et des décisions soumises au vote obligatoire des associés, il est possible de construire une société déséquilibrée dans la gestion des pouvoirs. La plupart des pouvoirs politiques (donc qui décident et qui maîtrisent la réalité de la société) sont librement organisables[119]. Il y a évidemment des limites. Les principes généraux de l'abus de droit, qui prend la forme de l'abus de droit de majorité ou de minorité, peuvent venir servir de base à une action en justice.

Néanmoins, les sociétés, et principalement les sociétés civiles immobilières, sont notoirement fréquentes dans le dossier de dérives sectaires, notamment afin de financer des projets immobiliers. Les différents adeptes apportent de l'argent à la SCI et remboursent l'emprunt, cependant l'ensemble des décisions concernant la mise en œuvre des fonds est sous la coupe du gérant qui est presque intouchable en raison de règles de majorité complexes. De manière défensive, la mise en SCI d'un actif familial permet de vider les droits politiques d'un membre de la famille sous la coupe d'un groupe jugé inquiétant.

Pour sortir d'une société civile immobilière, la première étape, en tout état de cause nécessaire, est de chercher un accord amiable. Cela prend la forme de l'envoi d'un courrier

---

119 Sous la réserve classique de la théorie de l'abus de droit qui prend la forme d'un possible abus de minorité ou de majorité.

recommandé avec accusé de réception demandant le retrait de la société de l'associé retrayant. Il faut vérifier la clause des statuts à son sujet et notamment les conditions de majorité.

Par ailleurs, il est impératif dans ce courrier de demander le remboursement du compte courant d'associé qui devra faire l'objet d'un décompte. En effet, il y a souvent un compte courant d'associé en cas d'emprunt bancaire : l'associé paie la SCI pour rembourser l'emprunt, il bénéficie donc d'un compte courant d'associé du même montant que ses remboursements.

Dans tous les cas, en cas d'emprunt et de caution personnelle, il convient impérativement avant la sortie de la société d'avoir un accord formel (en la forme d'une lettre de mainlevée de caution) de la banque confirmant la mainlevée. En effet, la banque exigera souvent un avenant au contrat de prêt, afin de modifier les engagements des différentes cautions.

Comme souvent en matière de dérive sectaire, il ne sert à rien à ce niveau de la négociation de mettre en avant une critique sur les croyances du groupe, cela ne ferait que complexifier une négociation déjà ardue. Il est plus simple de traiter le dossier de manière aveugle au sous-contexte sectaire, mis à part que l'avocat ou le praticien doit s'assurer de faire écran entre l'adepte retrayant et le groupe.

En cas de refus amiable, deux procédures sont possibles pour assurer la sortie de la SCI.

Il est possible d'entamer une procédure judiciaire pour dissolution en raison de la perte d'*affectio societatis* – mot technique désignant la volonté de rester associé. Le juge pourra alors autoriser le retrait de l'associé et mandatera un expert judiciaire pour valoriser les parts sociales et le montant du compte courant d'associé à rembourser.

En cas de refus du juge, il est aussi possible, sur la base de la demande de remboursement du compte courant d'associé (si la société ne le rembourse pas rapidement), de demander la liquidation de la société en raison de la créance impayée. En pratique, il faut un titre exécutoire, c'est pour cela que dans l'assignation en demande d'autorisation judiciaire, il convient de demander aussi le remboursement anticipé du compte courant d'associé, afin d'obtenir au passage un titre. Cela pourra aussi servir de levier dans la négociation du prix de vente des parts de la SCI. Évidemment, la mise en faillite de la SCI aura des conséquences sur le retrayant : les SCI ayant une responsabilité illimitée des associés, le retrayant pourra se retrouver à combler un manque à gagner de la banque sur la revente du bien. Il s'agit d'une menace à utiliser intelligemment.

Le contrat de mariage et son changement

Le contrat de mariage est soumis aux règles classiques du consentement. Il est possible de le changer en cours d'union.

L'article 1397 du Code civil dispose que « les époux peuvent convenir, dans l'intérêt de la famille, de modifier leur régime matrimonial, ou même d'en changer entièrement, par un acte notarié. À peine de nullité, l'acte notarié contient la liquidation du régime matrimonial modifié si elle est nécessaire. Les personnes qui avaient été parties dans le contrat modifié et les enfants majeurs de chaque époux sont informés personnellement de la modification envisagée. Chacun d'eux peut s'opposer à la modification dans le délai de trois mois. En cas d'enfant mineur sous tutelle ou d'enfant majeur faisant l'objet d'une mesure de protection juridique, l'information est délivrée à son représentant, qui agit sans autorisation préalable du conseil de famille ou du juge des tutelles ».

Le jugement d'homologation a pour effet de vérifier le consentement des époux, ce qui laisse la possibilité de soulever l'abus frauduleux. Le sort des enfants héritiers est aussi pris en compte. La Cour de cassation a jugé qu'il était nécessaire au juge de faire une « appréciation d'ensemble[120] », le seul fait que l'un des membres risque de se trouver lésé n'interdit pas nécessairement le changement envisagé. Le juge peut demander à entendre toute personne susceptible de lui communiquer des informations utiles, et exiger de se faire remettre tout document qu'il estimerait nécessaire. Cette appréciation des faits est souveraine du juge.

Testaments, successions et clause bénéficiaire

Le législateur voit avec un certain scepticisme l'acte de libéralité qui, sans contrepartie, entraîne un appauvrissement. Le Code civil contient des dispositions spécifiques sur leur validité. L'article 414-4 du Code civil dispose : « Pour faire un acte valable, il faut être sain d'esprit. C'est à ceux qui agissent en nullité pour cette cause de prouver l'existence d'un trouble mental au moment de l'acte. ». L'article doit se lire en conjonction avec l'article 901 du Code civil : « Pour faire une libéralité, il faut être sain d'esprit. La libéralité est nulle lorsque le consentement a été vicié par l'erreur, le dol ou la violence. » L'absence de volonté entraîne la nullité de l'acte, et il incombe au demandeur en nullité d'apporter cette preuve par tous moyens[121].

---

120 Cour de cassation, première chambre civile, 6 janvier 1976, nº 74-12.212 ; Cour de cassation, première chambre civile, 22 juin 2004, nº 02-10.528.

121 Cour de cassation, première chambre civile, arrêt nº 10129 du 15 février 2023, pourvoi nº 21-17.281 : « Alors qu'est nul, le testament qui procède d'un abus de l'état de faiblesse ou de vulnérabilité du testateur, en vue de l'amener à souscrire un acte qu'il n'a pas librement consenti ; qu'en se bornant, pour débouter Mme [D] de sa demande tendant à voir prononcer la nullité des testaments établis en mai 2014 par les époux [J], à affirmer que "les pièces produites par l'appelante n'établissent pas la moindre atteinte aux facultés mentales des époux [J], aux dates des testaments litigieux, ni leur vulnérabilité" et en énonçant, sous forme de pétition de principe, que "le fait d'être âgé et d'avoir des problèmes de santé n'implique pas nécessairement une altération ou une abolition des facultés mentales des testateurs, ni leur vulnérabilité", sans rechercher,

La Cour de cassation ouvre donc très largement la possibilité d'une nullité dans le cadre d'un abus frauduleux. Ces demandes de nullité d'acte s'intercalent généralement dans une procédure pénale. L'exploitation du dossier pénal permet de justifier l'absence de consentement.

Droit social

La soumission du quotidien passe par le travail de l'adepte au profit du groupe – ce travail bénévole n'est généralement pas rémunéré. Pour autant, il n'échappe pas nécessairement au droit du travail d'ordre public. Toute relation peut être requalifiée en contrat de travail – même en l'absence de tout écrit, si les trois critères du contrat de travail sont réunis : la fourniture d'un travail, sous un lien hiérarchique, contre une rémunération. Souvent la requalification se heurte à l'absence de rémunération. Cela est logique qu'il n'y ait pas de paiement en argent dans une relation d'emprise. Toutefois, la notion de rémunération est entendue par le droit de manière large : il s'agit de toute contrepartie en numéraire, mais aussi en nature. Par exemple, le fait d'offrir le gîte et le couvert, ainsi que des vêtements, vaut rémunération en nature. Le fait pour des groupements de collectivité de vie de prendre en charge intégralement l'adepte en lui donnant un peu d'argent de poche contre son travail sous la direction d'un supérieur spirituel constitue en droit une relation de travail qui engendre des cotisations sociales et des droits pour le travailleur. Ces droits sont importants pour l'adepte car ils le maintiennent dans le système social : retraite, santé… Il existe même une caisse d'assurance vieillesse, invalidité et maladie des cultes (CAVIMAC) obligatoire pour les ministres des Cultes qui reçoivent une rémunération en contrepartie de leurs services.

---

comme elle y était invitée, si M. [A] [J] n'avait pas abusé de l'état de vieillesse et de maladie de ses parents et s'il ne les avait pas ainsi poussés, en les isolant et en les plaçant sous son contrôle, à rédiger un testament en sa faveur, la cour d'appel a privé sa décision de base légale au regard de l'article 901 du Code civil. »

Par ailleurs, le fait de ne pas payer de cotisations sociales a un versant pénal avec le travail dissimulé. L'inspection de travail est en droit d'inspecter la communauté de vie pour vérifier l'existence ou non d'une relation de travail. En fin de compte, il ne peut y avoir de travail bénévole que par des personnes qui ont en dehors de la communauté les moyens d'assurer leur insertion sociale et de subvenir à leurs besoins. La communauté qui produit de la valeur pour assurer sa subsistance soumet ses membres à une relation de travail qui leur donne des droits sociaux.

II. DROITS EXTRAPATRIMONIAUX

La victime d'un groupement sectaire va vouloir recouvrer ses données personnelles, sortir de la boucle d'information sectaire et reprendre possession de son discours en témoignant, malgré le risque de diffamation.

Droit à l'image

En cas d'exploitation de l'image d'une personne dans le cadre d'une vidéo ou d'un site promotionnel, il est possible d'en demander le retrait. Le droit au respect de la vie privée est encadré par les articles 7 à 16-14 du Code civil et réprimé par le Code pénal aux articles 226-1 à 226-7. Cette question est souvent cruciale car cela fait partie des dispositifs classiques des groupements à dérives sectaires que d'obliger leurs membres à une certaine publicité de leur recrutement. En effet, la preuve sociale – d'autres y croient – joue un rôle central dans le placement sous sujétion psychologique. Dès lors les groupements cherchent à exploiter l'image de leurs membres à des fins prosélytes. Récupérer son image tient une place importante dans la récupération psychologique d'une victime.

Données personnelles

La mise en place de l'emprise passe par l'exploitation de vulnérabilité de la personne et par un contrôle qui suppose d'obtenir toute une série de données personnelles pour leur exploitation future. Les groupes plus importants maintiennent des fichiers complets de suivi des adeptes utilisables par les encadrants. Ces données sont soumises aux réglementations sur les données personnelles[122]. Ils ouvrent droit à une demande de consultation des données, de rectification, de suppression et d'opposition à leur utilisation. Concernant les données personnelles, la Cour européenne des droits de l'homme a reconnu que l'exploitation par les Témoins de Jéhovah de données personnelles dans le cadre de démarchage nécessitait bien l'accord des personnes à l'exploitation de leurs données personnelles[123].

Les procédures-bâillons

La présence de procédures en diffamation abusives et déclenchées à toute mention d'un groupe dans la presse est la marque d'un groupement sectaire. Les groupes non sectaires réagissent rarement à des mentions courantes dans la presse. Au contraire, le groupement sectaire, car toute sa construction se fait autour d'un dogme unique de vérité qui ne peut être ébranlé, a une réaction épidermique, non pas seulement à toute critique, mais à toute information le concernant. La guerre de l'information est au cœur de la politique sectaire.

Ron Hubbard, père fondateur de la scientologie et de la dianétique, écrit dans son manuel de justice au sujet des journalistes :

---

122 Règlement (UE) 2016/679 du 27 avril 2016 sur la protection des personnes à l'égard du traitement des données personnelles ; loi n° 2018-493 du 20 juin 2018 relative à la protection des données personnelles ; loi n° 78-17 du 6 janvier 1978 Informatique et libertés.

123 Cour européenne des droits de l'homme, arrêt du 9 mai 2023, n° 31172/19.

« 1. Dites-leur par courrier de se rétracter dans leur prochain numéro. 2. Engagez un détective privé d'une société type société nationale pour enquêter sur le journaliste, pas sur le magazine, et trouver des choses du genre communiste ou criminel. (Puisque toutes les activités subversives utilisent stupidement des criminels "sur qui ils ont quelque chose" et des gens qui ont été payés pour nous attaquer, vous recevrez des données de l'agence d'enquête, si elle a fait correctement son travail.) 3. Faites écrire une lettre menaçante au magazine par vos avoués ou avocats (en général, ne leur faites pas déposer vraiment plainte – ça vous gêne plus que ça ne rapporte). 4. Utilisez les données obtenues du détective pour écrire à l'auteur une lettre véritablement effrayante. Ne lui dites pas ce que vous savez sur son compte. Dites-lui simplement que nous savons quelque chose de très intéressant à son sujet, et qu'il peut venir nous en parler. (S'il vient, faites-lui signer une confession de collusion et de diffamation – les gens qui sont à ce niveau accepteront souvent, pour se suicider ensuite – et publiez-la en annonce payante dans un journal, si vous l'obtenez.) Peu de chances qu'il vienne. Mais il sera certes effrayé et se taira. 5. Communiquez toute donnée nouvelle du détective aux avocats pour qu'ils s'en servent contre le magazine. 6. Ne vous laissez pas troubler par l'affaire, n'y passez pas trop de temps, ne laissez pas ça gêner l'organisation centrale. »

La position est claire et ne laisse aucun doute. Les actions en diffamation proviennent rarement des associations officielles, mais d'adeptes ou d'associations *ad hoc* de lobbying qui prétendent agir pour la défense des libertés religieuses minoritaires.

Comment témoigner ? Ce qu'est la diffamation

Les libertés de presse et d'expression autorisent à témoigner de son vécu sectaire, à enquêter et à livrer des informations. La limite est évidemment l'injure et la diffamation[124] : la diffamation est l'allégation d'un fait portant atteinte à la considération et à l'honneur d'une personne. Par contraste, l'injure est simplement une souillure à l'honneur. Bien que ces infractions soient prévues dans le droit de la presse, elles s'appliquent plus généralement à toute expression publique, notamment de particuliers sur des réseaux sociaux, lors de conférences ou dans le cadre de la publication de livres, même autoédités.

La diffamation exige la réunion de trois éléments : une allégation ou une imputation d'un fait déterminé portant atteinte à l'honneur ou à la considération d'une personne ou un corps identifié. Comme il s'agit d'une infraction pénale, son interprétation est stricte et ne peut pas faire l'objet d'une interprétation par analogie. Autrement dit, un propos général sur une expérience vécue n'est pas une diffamation. Il faut prétendre que quelque chose de précis est survenu. L'injure est constituée en l'absence de ce fait précis : « toute expression outrageante, termes de mépris ou invective qui ne renferment l'imputation d'aucun fait est une injure[125]. »

Deux séries de moyens de défense permettent de témoigner : la vérité des faits et la bonne foi.

Le caractère véridique des faits (ce qui suppose d'avoir des sources pour le prouver) exonère de toute diffamation. Toutefois, la démonstration de la vérité doit être faite selon des formes très strictes et des délais procéduraux très complexes à tenir (10 jours de la réception de la citation à comparaître). Par ailleurs, cette défense n'est pas possible si cela concerne la vie privée du demandeur. La jurisprudence est particulièrement stricte et rend ce moyen de défense peu efficace.

---

124 Article 29 et 32 de la loi du 29 juillet 1881 sur la liberté de la presse.

125 Article 29 de la loi du 29 juillet 1881 sur la liberté de la presse.

La seconde ligne de défense, plus générale, est la bonne foi.

Cela suppose de prouver quatre éléments :

1. *Un but légitime* : une enquête sur un fait public, un témoignage personnel d'une situation douloureuse vécue entre dans ce but légitime, donc applicable au récit sectaire.

2. *L'absence d'animosité personnelle.* Il s'agit là du point qui sera mis en avant par le demandeur. La personne qui témoigne est, par définition, sortie du groupement. L'animosité va surtout dépendre du ton employé. Il ne convient pas de porter une attaque, mais de parler de son vécu, de son expérience personnelle.

3. *Le travail d'enquête sérieux.* Il s'agit de l'existence de sources, d'éléments de preuve, de démarches vers la vérité.

4. *La prudence et la mesure dans l'expression.* Il s'agit là en réalité du point le plus important. La langue doit être neutre et ne pas viser l'attaque.

Sous l'influence de la jurisprudence de la Cour européenne des droits de l'homme, la notion de la bonne foi s'équilibre avec l'importance du sujet d'intérêt général pour le public. Par ailleurs, la jurisprudence admet en matière de diffamation une analyse non stricte des critères si l'auteur du propos n'est pas un journaliste, mais un simple individu, qui n'est pas soumis aux mêmes standards qu'un professionnel. La Cour de cassation reprend la méthode propre aux libertés fondamentales et cherche un équilibre entre les différents intérêts en présence[126].

---

[126] Cour de cassation, chambre criminelle, 8 novembre 2011, 10-85.666 : « Attendu que, pour relaxer M. Y. au titre de la bonne foi, confirmer sur la culpabilité le jugement entrepris à l'égard de M. X. qui faisait valoir que la question traitée relevait d'un débat d'intérêt général au sens de l'article 10 de la Convention européenne des droits de l'homme, l'arrêt énonce, d'une part, que les notions de prudence et d'objectivité ne peuvent être appréciées avec la même sévérité, s'agissant d'un journaliste ou d'un homme politique fort de ses convictions et amené à les exprimer

La sanction de la diffamation est une amende de 12 000 à 45 000 euros si la diffamation est publique, et de 45 à 1 500 euros, si elle est privée. La prescription de la diffamation est très courte avec un délai de 3 mois. Dès lors, avant la publication d'un livre ou d'un témoignage, il est important de faire relire le texte en cas de doute par un juriste afin qu'il puisse vérifier que le texte entre bien dans les critères de la bonne foi et n'encourt pas de risque de diffamation.

Réseaux sociaux et algorithmes

Les algorithmes des plateformes de type YouTube, TikTok, Facebook, ou autres, fonctionnent selon deux principes similaires. Ils promeuvent le contenu le plus sensationnel et donc addictif et positionnent le spectateur dans une boucle : des contenus similaires aux premiers sont présentés et ceux différents, voire contradictoires, sont exclus. La conséquence est de mettre le spectateur dans une boucle qui ne lui projette que des informations allant dans le même sens. Quand une part importante de la population, surtout dans la tranche d'âge la plus jeune, ne s'informe que par ces plateformes, la conséquence est de livrer une image biaisée du monde et de donner de la validité à des croyances qui se trouvent confirmées par des sources multiples.

À titre d'exemple, les théories platistes, qui postulent que la Terre est plate, théories soutenues par la Flat Earth Society, une société proche d'une mouvance sectaire, se sont

---

publiquement, et d'autre part, que le directeur de publication est tenu d'un devoir de vigilance d'autant plus important que le thème en discussion, à savoir la lutte contre les sectes, est sensible et sujet à polémiques. Mais attendu qu'en se déterminant ainsi, sans se prononcer, comme l'y invitaient les parties, sur l'existence ou la non-existence, en la circonstance, d'un débat d'intérêt général, et alors que l'admission de la bonne foi en faveur de l'auteur des propos incriminés a pour effet d'exclure non seulement la responsabilité pénale dudit auteur, mais également celle du directeur de la publication du site ou de l'organe de presse dans lequel ces propos sont insérés, la cour d'appel n'a pas justifié sa décision. »

largement répandues au sein de la tranche d'âge des 25-30 ans en raison de leur exposition sur des plateformes de réseaux sociaux. L'exclusion de toute diversité culturelle ou de points de vue crée donc un réel danger.

Le phénomène s'accentue avec les cookies qui permettent de déterminer le profil d'une personne et de le suivre, notamment pour réaliser de la publicité ciblée. Il est dès lors possible d'aller sur un site d'information scientifique sérieux et d'y voir une publicité pour un remède de charlatan. L'effet psychologique est de laisser accroire, ce que les psychologues appellent l'effet halo, qu'un médicament peut soigner le cancer alors qu'il n'en est rien.

Le développement spectaculaire de l'intelligence artificielle couplée au traçage numérique permettra dans peu de temps la production illimitée de contenus personnalisés sectaires à destination d'une personne déterminée. La multiplication des contenus dynamiques créera plus de boucles informationnelles. Les sites commerciaux pourront générer du contenu en raison d'un traçage numérique et ne donneront à connaître que des informations confirmant l'historique de navigation. Dès lors, les utilisateurs évolueront sur un Internet ne leur offrant plus que des informations confirmant les croyances, et cela, sans contredit.

CONCLUSION

UN MÉDIATEUR DE LA LIBERTÉ DE CULTE ?

La pratique judiciaire de la lutte contre la sujétion psychologique apporte deux constats : de nombreux outils sont présents et pourtant, tant la mise en œuvre de la réponse pénale que le traitement des aspects civils de l'emprise sont peu efficaces.

Il est aujourd'hui indéniable que l'arsenal judiciaire français offre à la lutte contre les abus liés aux dérives sectaires des outils : incrimination de l'abus frauduleux résultant de techniques psychologiques avec la loi About-Picard, création d'un délit autonome de sujétion psychologique par la loi du 10 mai 2024 et de circonstances aggravantes, nouveautés de la loi LOPMI comme l'affirmation du droit à un avocat lors du dépôt de plainte et l'ouverture des techniques spéciales d'investigation à l'abus frauduleux en bande organisée.

Le contexte judiciaire a aussi évolué, notamment avec le renforcement des modes amiables et surtout de la médiation pour compenser des juridictions complètement saturées. On peut y puiser des techniques et des outils pour renouveler l'approche et faire plusieurs propositions. Il y a là le terreau fertile pour protéger sans contraindre et pour promouvoir sans interdire. La médiation, non pas simplement comme un acte isolé, mais comme participant à une logique intégrée au dispositif de lutte, est un élément qui nous semble novateur.

La médiation repose sur un axiome fondamental : elle ne s'allie à aucune des parties ; elle vise la neutralité la plus grande. Elle ne sert que comme outil pour permettre une communication efficace entre des personnes qui ne peuvent plus communiquer directement, car le fossé est devenu trop grand.

Dans le cadre d'un adepte qui décide de rejoindre un groupe que la famille, le conjoint, *etc.*, désapprouvent ou craignent d'être abusif, il y a deux positions : celle de l'adepte dont l'appétence pour une liberté de culte est légitime et incontestable ; celle de la famille qui souffre et s'inquiète. Les deux côtés sont tous les deux légitimes et bénéficieraient de pouvoir discuter. Cette discussion ne peut avoir pour objet de convaincre l'adepte de ne plus croire. Sa croyance est fondamentalement son droit le plus inaliénable et il n'appartient pas à son entourage de prendre position. Le choix est sien, cependant, car il a aussi une liberté de pensée, ce choix doit reposer sur un consentement plein et donc libre et éclairé.

En cas de groupe prédateur, le maintien dans le groupe sectaire repose d'abord sur l'instillation d'une phobie de l'extérieur, montré comme impur, satanique, dangereux. L'action juridique se trouve limitée par la peur panique de l'adepte à quitter le groupe et plus encore à l'attaquer. Il s'agit de l'élément constitutif de la violence morale soutenant la sujétion psychologique[127]. L'informer, sans contraindre, est donc essentiel.

Il ressort de la pratique que l'adepte, tant que sa famille, bénéficie de mieux comprendre l'articulation entre la liberté de foi et la lutte contre les abus sectaires. Une médiation permettrait de discuter de ces points. Son objet et son impact ne peuvent avoir aucun autre objectif que d'informer et de laisser le choix final à l'adepte. Il ne faut nourrir aucun objectif de sortie du culte. La notion est celle de la prévention et de

---

[127] SAUVAYRE Romy, *Croire à l'incroyable – Anciens et nouveaux adeptes*, PUF, Paris, 2012, 407 p.

l'information. Ainsi, l'adepte et sa famille bénéficieraient de la mise en place d'un cadre sécurisé pour que l'adepte[128] :

– soit informé le plus parfaitement possible des mécanismes psychologiques de la sujétion mentale ;

– soit informé de manière neutre sur la réalité du groupe auquel il appartient, notamment par des témoignages d'anciennes victimes de dérives sectaires ;

– soit en mesure de retisser des liens psychologiques et émotionnels avec des proches : familles, amis ;

– soit capable de se projeter dans le futur et donc, de vaincre la peur phobique de sortir du cadre établi par la secte.

Le risque lors de la fourniture de cette information est de tomber dans le piège d'un *exit counseling* qui a pour but sous-jacent de sortir un adepte et donc de le constituer dès l'origine comme victime. Le processus doit être neutre et indifférent à la décision de l'adepte. Encore une fois, il est pleinement libre. Le seul moyen d'assurer un cadre efficace est de contrôler la qualité de la formation des médiateurs et de fonder un cadre institutionnalisé.

Une approche existe déjà avec le médiateur du fait religieux qui est recruté notamment par des centres de détention pour discuter avec les prisonniers en risque de radicalisation. Il ne s'agit pas de les faire renoncer à une religion quelconque mais d'assurer une information comme outil de prévention à la radicalisation. On peut imaginer sur le même modèle une fonction de médiateur du consentement, formé et mobilisable, pour discuter au cœur des familles avec une personne en cours de conversion.

Une telle pratique permettrait de répondre à la première demande des familles et aussi aux besoins de l'adepte, surtout

---

128 ROSS Rick Alan, *Cults inside out*, Createspace Independent Publishing Plateform, South Carolina, 2014, 562 p. et SINGER Margaret, *Cults In our midst: the continuing fight against their hidden menace*, Joley-Bass, San Francisco, 2003, 397 p.

en début de chemin. L'objectif de ce processus doit être humble et construit de manière solide afin d'éviter le risque de chercher à lui dire ce qu'il doit penser. En effet, le médiateur doit être formé et pouvoir agir dans un cadre qui assure sa neutralité envers les différentes parties. La Miviludes pourrait construire cette mécanique en exécution de ses missions de prévention avec l'assistance des associations d'aide aux victimes agréées, sur le fondement de l'article 2-17 du Code de procédure pénale.

Celle-ci serait particulièrement précieuse en début de procédure pénale où les différentes victimes identifiées sont souvent informées de manière brutale de leur situation par un avis à se constituer partie civile ou une convocation à témoigner dans une procédure d'enquête. À ce moment, l'information est cruciale ainsi que la possibilité de reconnecter avec les membres de son cercle de sociabilité antérieure à l'entrée dans le mouvement sectaire.

ANNEXES PRATIQUES

ARGUMENTAIRE TYPE
Sur la qualification de la sujétion psychologique

Les manœuvres psychologiques mises en place par [AUTEUR] ont placé [VICTIME] dans un état d'altération du jugement constitutif d'une sujétion psychologique.

L'état de sujétion psychologique se caractérise par les critères posés par le professeur Parquet, professeur en psychiatrie, membre du conseil d'orientation de la Miviludes.

Ces critères sont les suivants :

1. Rupture avec les modalités antérieures des comportements, des conduites, des jugements, des valeurs, des sociabilités individuelles, familiales et collectives ;
2. Occultation des repères antérieurs et rupture dans la cohérence avec la vie antérieure ;
3. Acceptation par une personne que sa personnalité, sa vie affective, cognitive, relationnelle, morale et sociale soient modelées par les suggestions, les injonctions, les ordres, les idées, les concepts, les valeurs, les doctrines imposés par un tiers ou une institution : vice conduisant à une délégation générale et permanente à un modèle imposé ;
4. Adhésion et allégeance inconditionnelle, affective, comportementale, intellectuelle, morale et sociale à une personne ou à un groupe ou à une institution, ceci conduisant à : (i) une loyauté exigeante et complète ; (ii) une obéissance absolue ; (iii) une crainte et une acceptation des sanctions ; (iv) une impossibilité de croire possible de revenir à un mode de vie antérieur ou de choisir d'autres alternatives étant donné la certitude imposée que le nouveau mode de vie est le seul légitime ;
5. Mise à disposition complète, progressive et extensive de sa vie à une personne ou à une institution ;
6. Sensibilité accrue dans le temps, aux idées, aux concepts, aux prescriptions, aux injonctions et ordres, à un

corps doctrinal, avec éventuellement une mise au service de celui-ci dans une démarche prosélyte ;

7. Dépossession de ses compétences avec anesthésie affective, altération du jugement, perte des repères, des valeurs et du sens critique ;

8. Altération de sa liberté de choix ;

9. Imperméabilité aux avis, attitudes, valeurs de l'environnement avec impossibilité de se remettre en cause et de promouvoir un changement ;

10. Induction et réalisation d'actes gravement préjudiciables à la personne, actes qui antérieurement ne faisaient pas partie de la vie du sujet. Ces actes ne sont plus perçus comme dommageables ou contraires aux valeurs et aux modes de vie habituellement admis dans notre société.

Parmi ces critères, seuls cinq suffisent à caractériser une emprise mentale.

En l'espèce, cette sujétion psychologique ressort clairement des éléments de comportement suivants :

[Décrire tous les éléments de faits de nature à démontrer la sujétion psychologique].

Cette sujétion psychologique est le résultat de techniques psychologiques. En effet, son auteur a eu recours à un embrigadement de type sectaire résultant des techniques psychologiques suivantes :

[DÉCRIRE ICI LE PROCESSUS D'EMBRIGADEMENT ET LES TECHNIQUES UTILISÉES ET DANS LA MESURE DU POSSIBLE EN QUALIFIANT LES 10 CRITÈRES DE L'EMPRISE MENTALE]

L'emprise mentale a été mise en place selon un schéma classique en trois temps : une séduction, une déstabilisation et un changement.

Phase de séduction

Dans un premier temps [—] a séduit sa victime notamment en [—].

Phase de déstabilisation

La phase de la déstabilisation a pris la forme d'une diabolisation de la famille et d'une demande de rupture avec les proches. En effet, [—] a constamment affirmé [—].

Phase de stabilisation

La stabilisation a pris la forme d'une soumission de la vie de la victime et notamment par les soumissions suivantes :

– Vie quotidienne : [expliquer comment la dérive a eu un impact sur le quotidien] ;

– Thérapeutique : [conséquences sur le parcours de soin] ;

– Travail : [changement des modalités de travail, bénévolat] ;

– Financière : [donations, transferts de fonds] ;

– Familiale : [ruptures avec la famille] ;

– …

Cette sujétion psychologique, car elle a entraîné des préjudices pour la victime, est réprimée par les articles suivants du Code pénal :

Mise sous sujétion psychologique avec graves préjudices – Article 223-15-3 al. 1 du Code pénal

« I.-Est puni de trois ans d'emprisonnement et de 375 000 euros d'amende le fait de placer ou de maintenir une personne dans un état de sujétion psychologique ou physique résultant de l'exercice de pressions graves ou réitérées ou de techniques propres à altérer son jugement et ayant pour effet de causer une altération grave de sa santé physique ou mentale ou de conduire cette personne à un acte ou à une abstention qui lui sont gravement préjudiciables ».

En l'espèce l'abstention ou acte gravement préjudiciables sont les suivants :

[—]

Abus frauduleux d'un état de sujétion psychologique – Article 223-15-3 al. 1 du Code pénal

« Est puni des mêmes peines le fait d'abuser frauduleusement de l'état de sujétion psychologique ou physique d'une personne résultant de l'exercice des pressions ou des techniques mentionnées au premier alinéa du présent I pour la conduire à un acte ou à une abstention qui lui sont gravement préjudiciables ».

L'article pose trois éléments matériels à la caractérisation d'un abus frauduleux de sujétion psychologique :

1. l'utilisation de techniques psychologiques ;
2. créant une sujétion psychologique ;
3. la réalisation d'actes ou l'abstention gravement préjudiciable pour la victime.

En l'espèce :

[—]

Pour circonstance aggravante de sujétion psychologique :

Il convient de reprendre la même logique après avoir caractérisé l'infraction principale.

MODÈLE DE PLAINTE SIMPLE

Monsieur le Procureur
Tribunal judiciaire [—]

Lettre recommandée avec avis de réception n° [—]

PLAINTE CONTRE X
SUJÉTION PSYCHOLOGIQUE

223-15-2 ancien et 223-15-3 nouveau du Code pénal

MADAME/MONSIEUR [—], né(e) le [—] à [—], de nationalité [—], ayant sa résidence au [—], téléphone : [—], email [—] (le « Plaignant »)

élisant domicile au Cabinet de **Me [———]**

A L'HONNEUR DE PORTER PLAINTE CONTRE X POUVANT ÊTRE :

MADAME/MONSIEUR [—], né(e) le [—] à [—], de nationalité [—], ayant sa résidence au [—], téléphone : [—], email [—]

POUR LES FAITS SUIVANTS :
[RÉSUMER DE MANIÈRE SUCCINCTE LES FAITS PRINCIPAUX]

FAITS ET PROCÉDURE
[REPRISE DE L'HISTORIQUE DES FAITS LE PLUS PRÉCIS ET NEUTRE POSSIBLE EN METTANT EN

AVANT LES ÉLÉMENTS PROPRES DE L'ABUS FRAUDULEUX]

DISCUSSION

[–ARGUMENTAIRE qui doit reprendre les éléments matériels de l'infraction –]

SUR LES ORGANES ADMINISTRATIFS DE LA POLITIQUE PUBLIQUE DE LUTTE CONTRE LES DÉRIVES SECTAIRES

L'article 157-3 du Code de procédure pénale donne à la Miviludes un rôle d'*amicus curiae* et autorise le ministère public à saisir la Miviludes pour des demandes d'information notamment sur les groupes concernés et les mécanismes de la sujétion psychologique.

EN CONSÉQUENCE :

Que de tels agissements constituent [le délit d'abus frauduleux par sujétion psychologique [et/ou de mise sous sujétion psychologique et/ou autre infraction], délit prévu et réprimé par les articles 223-15-2 ancien et 223-15-3 du Code pénal].

[—] dépose plainte du chef précité contre X.

[DATE]

[—]

LISTE DES PIÈCES JOINTES À LA PLAINTE
– Carte d'identité du plaignant ;
– [TOUTE AUTRE PIÈCE].

MODÈLE DE COURRIER RÉITÉRANT LA PLAINTE DÉPOSÉE EN COMMISSARIAT

Pour rappel, une plainte déposée en commissariat doit être transmise au procureur pour demander son avis sur les poursuites avant de pouvoir saisir le doyen des juges d'instruction.

TRIBUNAL
JUDICIAIRE DE [–]
Monsieur le Procureur
[——]
[——], [—]

OBJET : DÉNONCIATION PLAINTE SIMPLE ET DEMANDE COPIE DU DOSSIER
LRAR : [–]

Madame, Monsieur le Procureur,

Je vous saisis des suites de ma plainte déposée le [—] pour l'infraction suivante [—].

Je vous prie de trouver le compte rendu initial d'information en pièce jointe des présentes en application de l'article 85 du Code de procédure pénale et nous vous prions de nous informer si vous souhaitez engager les poursuites dans ce dossier ou le classer sans suite.

À titre de complément de plainte, je souhaite vous soumettre les éléments complémentaires suivants :

[REPRENDRE DES ÉLÉMENTS DE L'ARGUMENTAIRE EN ANNEXE 1]

En cas de classement sans suite de la plainte, nous vous remercions de nous transmettre une copie du dossier pénal à titre gratuit en application de l'article R 155 2° et R 165 du Code de procédure pénale.

En vous priant, Madame, Monsieur le Procureur, d'agréer l'expression de notre plus haute considération.

[SIGNATURE]

PJ :
– Compte rendu initial d'infraction [–]
– Plainte contre X du [–]
– Carte d'identité
– [Toute autre pièce utile]

MODÈLE DE PLAINTE AVEC CONSTITUTION DE PARTIE CIVILE DEVANT LE DOYEN DES JUGES D'INSTRUCTION

À l'attention de :

Monsieur le Doyen des juges d'instruction
Tribunal judiciaire [——]

Lettre recommandée avec avis de réception n° [–]

PLAINTE CONTRE X
SUJÉTION PSYCHOLOGIQUE

223-15-2 ancien et 223-15-3 nouveau du Code pénal

Plainte avec constitution de partie civile
Article 85 du Code de procédure pénale

MADAME/MONSIEUR [—], né(e) le [—] à [—], de nationalité [—], ayant sa résidence au [—], téléphone : [—], email [—] (le « Plaignant »)

A L'HONNEUR DE PORTER PLAINTE AVEC CONSTITUTION DE PARTIE CIVILE CONTRE X POUVANT ÊTRE :

MADAME/MONSIEUR [—], né(e) le [—] à [—], de nationalité [—], ayant sa résidence au [—], téléphone : [—], email [—]

POUR LES FAITS SUIVANTS :

[RÉSUMER DE MANIÈRE SUCCINCTE LES FAITS PRINCIPAUX]

FAITS ET PROCÉDURE

[REPRISE DE l'HISTORIQUE DES FAITS LE PLUS PRÉCIS ET NEUTRE POSSIBLE EN METTANT EN AVANT LES ÉLÉMENTS PROPRES DE L'ABUS FRAUDULEUX]

DISCUSSION

[Insérer l'argumentaire en fonction de l'infraction
voir annexe 1]

SUR LA RECEVABILITÉ DE LA PLAINTE AVEC CONSTITUTION DE PARTIE CIVILE (article 85 du Code de procédure pénale).

Une décision de classement sans suite en date du [—] est intervenue par le Procureur du Tribunal de [—] dans lequel il indique ne pas entendre poursuivre l'affaire. La plainte déposée le [—] n'a pas fait l'objet d'une réponse dans le délai de 3 mois visé à l'article 85 du Code de procédure pénale.

Or, le Plaignant a subi les préjudices directs suivants résultant de la prévention d'abus frauduleux :

[LISTER LES PRÉJUDICES DIRECTS NOTAMMENT FINANCIERS]

[SI LA FAMILLE PORTE PLAINTE] Par ailleurs, le Plaignant est aussi la victime par ricochet de l'abus frauduleux et est aussi de ce chef recevable dans sa demande de partie civile. En effet, la jurisprudence, sur le fondement des articles 2 et 3 du Code de procédure pénale, reconnaît l'existence d'un préjudice propre aux membres de la famille proche d'une victime directe. Ainsi, la Cour de cassation a largement admis l'action des membres de la famille et notamment des frères et sœurs (Cour de cassation, chambre criminelle, 27 mai 2009, n° 09-80.023).

Le Plaignant se tient à votre disposition pour une audience de consignation en application de l'article 88 du Code de procédure civile. Son revenu net imposable était de [—] euros pour l'année [20–] avec [—] personne(s) à charge et de [—] euros pour l'année [20–] avec [—] personnes à charge aussi.

Le Plaignant accepte d'ores et déjà que l'audience de consignation se tienne sans sa présence sur la base des informations transmises dans la présente plainte.

EN CONSÉQUENCE :

Que de tels agissements constituent le délit d'abus frauduleux par sujétion psychologique [et de mise sous sujétion psychologique], délit(s) prévu(s) et réprimé(s) par les articles 223-15-2 ancien et 223-15-3 du Code pénal.

[—] dépose en application de l'article 85 du Code de procédure civile plainte du chef précité contre X et se porte partie civile.

[DATE] **[SIGNATURE]**

LISTE DES PIÈCES JOINTES À LA PLAINTE :
– Carte d'identité du plaignant ;
– Deux derniers avis d'imposition ;
– Attestation de domicile ;
– Avis de classement sans suite/ou plainte d'origine ;
– [TOUTE AUTRE PIÈCE]

MODÈLE DE PLAINTE DEVANT ORDRE MÉDICAL

Conseil Ordre de Médecins
Commission disciplinaire
[—]

[–], le [–]

PLAINTE DISCIPLINAIRE

Contre :

le docteur [–], ayant son cabinet sis [–], numéro RPPS [–]

Pour :

Madame Monsieur [–], né(e) le [–] à [–], de nationalité [–] ayant sa résidence [–]

Lettre recommandée avec accusé de réception numéro [–]

Madame, Monsieur le Président du Conseil de l'Ordre des Médecins,

Je vous saisis d'une plainte en raison des graves violations déontologiques que j'ai subies lors de mon traitement par le docteur [—].

Je vous remercie de transmettre ma plainte pour instruction à la section disciplinaire de votre ordre.

RAPPEL DES FAITS

[—DÉCRIRE LE PLUS OBJECTIVEMENT POSSIBLE LES FAITS EN INDIQUANT LES ÉLÉMENTS DE PREUVE—]

DISCUSSION

1./ Sur la pratique commerciale de la médecine (article 19)

En droit. L'article R.4127-19 du Code de la santé publique dispose que « la médecine ne doit pas être pratiquée comme un commerce ».

En fait. Le docteur [—] ...

2./ Sur le diagnostic (article 33)

En droit. L'article R.4127-33 du Code de la santé publique dispose que « le médecin doit toujours élaborer son diagnostic avec le plus grand soin, en y consacrant le temps nécessaire, en s'aidant dans toute la mesure du possible des méthodes scientifiques les mieux adaptées et, s'il y a lieu, de concours appropriés ».

En fait. Le docteur [—] ...

Continuer pour chaque manquement disciplinaire.

EN CONCLUSION

Le docteur [—] ayant manqué gravement aux règles déontologiques de la profession de médecin doit faire l'objet d'un renvoi devant la commission disciplinaire pour sanction. Je me tiens à la disposition de votre ordre pour toute mesure de conciliation préalable.

[–]

<u>Pièces jointes :</u>

[LISTER LES PIÈCES JUSTIFICATIVES]

BIBLIOGRAPHIE SÉLECTIVE

Les manuels juridiques généraux et codes de loi ne font l'objet d'une reprise bibliographique que si directement applicable à la notion de dérive sectaire. Les jurisprudences sont citées en bas de page ainsi que les articles de doctrine.

ASSEMBLEE NATIONALE (président : Georges Fenech ; rapporteur : Philippe Vuilque), Rapport fait au nom de la Commission d'enquête relative à l'influence des mouvements à caractère sectaire et aux conséquences de leurs pratiques sur la santé physique et mentale des mineurs, 2006.

ASSEMBLEE NATIONALE (président : Jacques Guyard ; rapporteur : Jean-Pierre Brard), Rapport fait au nom de la Commission d'enquête sur la situation financière, patrimoniale et fiscale des sectes, ainsi que sur leurs activités économiques et leurs relations avec les milieux économiques et financiers, 1999.

ASSEMBLEE NATIONALE (président : Alain Gest ; rapporteur : Jacques Guyard), Rapport fait au nom de la Commission d'enquête sur les sectes, 1995.

CCMM-CENTRE ROGER-IKOR, *Les sectes, état d'urgence*, Éditions Albin Michel, 1996, 321 p.

CCMM-CENTRE ROGER-IKOR, *Combattre les dérives sectaires : Analyser et comprendre l'emprise mentale*, Éditions CCMM, 2012.

CCMM-CENTRE ROGER-IKOR, *Exit Counseling : Le conseil en sortie d'emprise mentale, rencontre franco-américaine du 29 juin 2013 à Bordeaux*, Éditions CCMM, 2014.

CCMM-CENTRE ROGER-IKOR, *Manifeste pour une législation efficace de protection des victimes d'emprise mentale*, Éditions CCMM, 2014.

CIALDINI Robert, *Influence et Manipulation*, Paris, Pocket, 2014, 408 p.

ERICKSON Milton H., ROSSI Ernest L., ROSSI Sheila I., *Traité pratique de l'hypnose, La suggestion indirecte en hypnose clinique*, Escalquens, Éditions Grancher, 2006, 464 p.

FOURNIER Anne, MONROY Michel, *La Dérive sectaire*, Paris, Presses universitaires de France, 1999, 234 p.

GUERARD Delphine, *L'emprise sectaire – Psychopathologies des gourous et des adeptes de sectes*, Éditions Dunod, 2022, 205 p.

HASSAN Steven, *Combating Mind Control*, Newton, MA, Freedom of Mind Press, 1re édition, 1988, 391 p.

HASSAN Steven, *Freedom of Mind*, Newton, MA, Freedom of Mind Press, 1re édition, 2013, 391 p.

JAMOULLE Pascale, *Je n'existais plus – Les mondes de l'emprise et de la déprise*, Éditions La Découverte, 2021, 287 p.

JOULE Robert-Vincent et BEAUVOIS Jean-Léon, *Petit traité de manipulation à l'usage des honnêtes gens*, PU Grenoble, 2014, 320 p.

KAHNEMAN Daniel, *Système 1, Système 2 : les deux vitesses de la pensée*, Paris, Flammarion, 2016, 706 p.

LALICH Janja, *Bounded Choice, True Believers and Charismatic Cults*, Londres, University of California Press, 2004, 329 p.

LIFTON Robert Jay, *Thought reform and the psychology of totalism, a study of "brainwashing" in China*, Mansfield Centre, CT, Martino Publishing, 2014, 510 p.

LUCA Nathalie, *Les sectes*, Éditions Que-sais-je ?, 2024, 125 p.

LUHRMANN T.M., *How Gods Becomes Real: Kindling the Presence of Invisible Others*, Princeton University Press, 2022, 256 p.

ORESKES Naomi, CONWAY Erik, *Merchants of Doubt*, Éditions Bloomsbury, Londres, 2011, 356 p.

RIPOLL Thierry, *Pourquoi croit-on ?*, Éditions Sciences humaines, 2020, 391 p.

ROSS Rick Alan, *Cults inside out*, Createspace Independent Publishing Plateform, South Carolina, 2014, 562 p.

SAUVAYRE Romy, *Croire à l'incroyable – Anciens et nouveaux adeptes*, Paris, PUF, 2012, 407 p.

SENAT (président : Alain Milon ; rapporteur : Jacques Mézard), « Dérives thérapeutiques et dérives sectaires : la santé en danger », Rapport de commission d'enquête n° 480 (2012-2013), tome I, déposé le 3 avril 2013.

STEIN Alexandra, *Terror, Love and Brainwashing*, New York, Routledge, 2017, 235 p.

SINGER Margaret, *Cults In our midst: the continuing fight against their hidden menace*, San Francisco, Joley-Bass, 2003, 397 p.

VON BUSEKIST Astrid, *La Religion au tribunal*, Éditions Albin Michel, 2023, 378 p.

TABLE DES MATIÈRES

CHAPITRE 3

LES AUTRES INCRIMINATIONS DE LA SOUMISSION SECTAIRE

CHAPITRE 4

PARLER À UNE VICTIME DE SUJÉTION PSYCHOLOGIQUE

CHAPITRE 5

PROCÉDURE PÉNALE

Structures éditoriales du groupe L'Harmattan

L'Harmattan Italie
Via degli Artisti, 15
10124 Torino
harmattan.italia@gmail.com

L'Harmattan Hongrie
Kossuth l. u. 14-16.
1053 Budapest
harmattan@harmattan.hu

L'Harmattan Sénégal
10 VDN SICAP AMITIE 3
BP 45034 Dakar-Fann
direction@senharmattan.com

L'Harmattan Cameroun
Tsinga/Derrière polyclinique FECAFOOT
BP 11486 Yaoundé
Jacques.koukam@harmattan.fr

L'Harmattan Burkina Faso
Villa 281, secteur 23 623, rue 14.32
Ouagadougou
zagbie@outlook.fr

L'Harmattan Guinée
Almamya, rue KA 028 OKB Agency
BP 3470 Conakry
harmattanguinee@yahoo.fr

L'Harmattan RDC
185, avenue Nyangwe
Commune de Lingwala – Kinshasa
matangilamusadila@yahoo.fr

L'Harmattan Congo
219, avenue Nelson Mandela
BP 2874 Brazzaville
deunovmikhael@gmail.com

L'Harmattan Mali
Immeuble Mgr Jean Marie Cissé
Aci Hamadallaye
BP 145 Bamako
syllaka@yahoo.fr

L'Harmattan Togo
Djidjole – Maison Amela
face EPP BATOME
02 BP 20680 Lomé
didieramela11@gmail.com

L'Harmattan Côte d'Ivoire
Résidence Karl – Cité des Arts
Abidjan-Cocody
03 BP 1588 Abidjan
harmattan.ivoire@gmail.com

L'Harmattan Bénin
Rue 604, (Immeuble à l'entrée
de la rue UCAO- Cite de Saint-Jean)
Cotonou
stepcorpus@gmail.com

Nos librairies en France

Librairie internationale
16, rue des Écoles
75005 Paris
librairie.internationale@harmattan.fr
01 40 46 79 11
www.librairieharmattan.com

Librairie des savoirs
21, rue des Écoles
75005 Paris
librairie.sh@harmattan.fr
01 46 34 13 71
www.librairieharmattansh.com

www.ingramcontent.com/pod-product-compliance
Lightning Source LLC
LaVergne TN
LVHW010927061026
849535LV00007B/2268